HEYNE <

© Susie Knoll

*Anna Butterbrod*, geboren 1977, absolvierte die Axel-Springer-Journalistenschule in Hamburg. Nach Stationen bei verschiedenen Frauenzeitschriften (u. a. »InTouch« und »Jolie«) arbeitet sie seit 2008 als freie Journalistin und hat bereits mehrere Bücher veröffentlicht. Sie lebt mit ihrer Familie in München.

*Secret.de*, 2011 gegründet, ist das erste Premium Casual Dating Portal Deutschlands, es dient dem Wunsch nach erotischen Beziehungen ohne feste Bindung. Die Mitglieder können hier gezielt nach Gleichgesinnten suchen, gemäß der Philosophie dieser Plattform: Alles kann, nichts muss. 2016 wurde *Secret.de* vom TÜV Saarland mit dem TÜV-Prüfzeichen »Geprüfter Datenschutz« zertifiziert.

ANNA BUTTERBROD

# DAS IST FREIHEIT FÜR MICH

## Frauen und der Sex, der ihr Leben veränderte

Wahre Geschichten von secret.de

WILHELM HEYNE VERLAG
MÜNCHEN

Die in diesem Buch erzählten Geschichten basieren auf wahren Ereignissen. Aus Gründen des Persönlichkeitsschutzes wurden sämtliche Namen und einige Orte des Geschehens anonymisiert.



MIX
Papier aus verantwortungsvollen Quellen
FSC® C014496

Verlagsgruppe Random House FSC® N001967
Originalausgabe 02/2019


Der Wilhelm Heyne Verlag, München, ist ein Verlag in der Verlagsgruppe Random House GmbH,
Neumarkter Str. 28, 81673 München
Printed in Germany
Umschlaggestaltung: Eisele Grafik-Design, München
Umschlagsfoto: Mauritius Images / Oleksiy Maksymenko / age fotostock

Idee und Realisierung: Katrin Hrubesch
Redaktion: Gisela Klemt
Satz: Buch-Werkstatt GmbH, Bad Aibling
Druck und Bindung: GGP Media GmbH, Pößneck
ISBN: 978-3-453-60495-7

www.heyne.de

# Vorwort

Ich gestehe: Ich bin prüde, immer schon gewesen. Ist das eine gute Voraussetzung, um mit zwölf Frauen über ihre Erfahrungen beim Casual Dating zu sprechen?

Genau betrachtet, macht mich dieser Umstand zur perfekten Gesprächspartnerin, denn mehr Skepsis und erotisches Unwissen in einer Person geht nicht! Keine würde kritischer und öfter nachfragen als ich. Zugegeben: Eine andere Autorin hätte vielleicht vorher gewusst, dass »Ouvert«-Strumpfhosen nicht so heißen, weil sie von einem französischen Label stammen, und dass man einen »Sleeve« auch über andere Körperteile als den Arm ziehen kann. Aber das sind technische Kleinigkeiten.

Viel wichtiger sind die großen Fragen, die ich mir vorab stelle: Was sind das für Frauen, die mit völlig Fremden ins Bett steigen? Welche Erlebnisse haben zu dieser Entscheidung geführt? Und wie fühlt sich so ein Abenteuer an? Lassen sich Sex und Liebe wirklich voneinander trennen? Oder gibt es da auch mal Komplikationen?

Vor den Gesprächen kenne ich nur die Eckdaten: Conny trifft sich zu Drei-Gänge-Menüs in kleiner Runde, bei der die Teilnehmer sich gegenseitig vernaschen. Luise und ihr Mann führen neuerdings eine offene Ehe. Anni gönnt sich zwei Kerle: einen für die Romantik und einen fürs Grobe. Und Astrid macht am liebsten Chat-Sex. Mein Gehirn öffnet munter Schublade um Schublade, lange bevor ich überhaupt das erste Mal mein Aufnahmegerät einschalte.

Ich bin überzeugt davon, dass es vielen Menschen ähnlich geht. Wie sieht es denn in Ihrem Kopf aus, wenn Sie dieses Buch in den Händen halten?

Ich kannte Casual Dating nur vom Hörensagen. Meine Fantasien dazu wären solche geblieben, wenn ich diese Gespräche nicht geführt hätte. Und das wäre verdammt schade gewesen!

Denn in dem Fall wäre ich diesen zwölf besonderen Frauen nicht begegnet. Obwohl, vielleicht sollte ich lieber sagen: diesen zwölf ganz normalen Frauen? Es gibt nämlich keinen besonderen oder besonders schrägen Typ Frau, der sich dazu entscheidet, einen Account auf *Secret.de* anzulegen. Meine Gesprächspartnerinnen sind zwischen 27 und 72 Jahre alt. Hinter ihnen liegen völlig unterschiedliche Lebenswege. Was sie eint: Sie sind allesamt mutig, gebildet und humorvoll.

Wir lachen bei unseren Gesprächen viel, aber oft rührt mich die Offenheit dieser Frauen auch so, dass ich einen Kloß im Hals habe. Ihr Leben hat sich durch die Online-Dates entscheidend verändert, auf die eine oder ganz andere Weise. Das bringt mich dazu, beim Schreiben auch viel über mein eigenes Leben und meine Entscheidungen nachzudenken. Und natürlich über den Begriff »Freiheit«, der immer wieder auftaucht.

Seit den Gesprächen bin ich viel freier im Kopf. Und ich hoffe, dass dieses Buch bei seinen Leserinnen und Lesern denselben Effekt hat.

# Mein Blind Date im Dunkeln

## Diane, 53

Der Aufzug öffnet sich in der 18. Etage, ich trete hinaus, mein Herz schlägt bis zum Hals. Es ist 23 Uhr, und meine Acht-Zentimeter-Absätze graben sich in den Teppich eines Düsseldorfer Luxushotels. Nur ein paar Schritte sind es – da ist die Zimmernummer! Die schwere matt-schwarze Tür vor mir ist einen Spalt weit geöffnet. Genauso haben wir es abgesprochen.

Dahinter wartet ein Mann, von dem ich nur ein Foto und die Stimme kenne. Ich treffe ihn zum ersten Mal – für Sex in vollkommener Dunkelheit! Weil ich es mir so gewünscht habe. Mit dem Licht schaltet man zwar auch die Augen aus, aber die verbleibenden Sinne arbeiten auf Hochtouren. Und das finde ich besonders sexy.

Meine Hand liegt auf der Klinke. Eigentlich ist diese Aktion vollkommen irre. Ich überlege kurz, doch noch einen Rückzieher zu machen. Nein. Ich ziehe das jetzt durch. Scheiß drauf!

Ich drücke die Tür auf, trete ein, und ein Hauch Licht erhellt den Raum bis zur Fensterfront am anderen Ende. Ich kann mich für einen kurzen Moment orientieren, dann schließt sich die Tür hinter mir, und es ist zappenduster. Ich mache fünf, sechs vorsichtige Schritte geradeaus durch einen schmalen Flur, dann erreiche ich das Schlafzimmer.

Einmal kurz schlucken, dann sage ich so lässig und lasziv wie möglich: »Hi.« Jedes weitere Wort wäre mir nur zittrig über die Lippen gekommen. Rechts von mir ertaste ich eine Kofferablage, auf die ich meine Jacke und die Handtasche fallen lasse. Meine High Heels landen daneben.

Links von mir steht das Bett. Jetzt bloß nicht auf dem Weg dorthin stolpern! Wie peinlich wäre das denn? Drei, vier Schritte, und ich spüre an meinen Schienbeinen bereits das weiche Polster. Da liegt er, wie vereinbart: auf dem Rücken, im Anzug, ohne Schuhe. Er darf sich nicht bewegen, ich bewege ihn. Er darf mich zunächst nicht anfassen, ich fasse ihn an. Das sind die Regeln. So haben wir es ausgemacht.

Vorsichtig schiebe ich seine Beine auseinander, sodass ich mich dazwischen aufs Bett knien kann. Und höre, wie er erwartungsvoll den Atem einzieht.

Wo fange ich an? Meine Hände gleiten von den Knöcheln aus an der Außenseite seiner Beine nach oben. Langsam und gefühlvoll. Der weiche Anzugstoff fühlt sich gut an unter meinen Fingern. Auf Hüfthöhe angekommen, muss ich mich entscheiden: Hocke ich mich rechts oder links neben ihn, um weiter nach oben zu kommen? Oder setze ich mich auf ihn? Ich entscheide mich für die Variante B. Als ich meine Beine spreize, rutscht mein Kleid problemlos nach oben – ich habe also die richtige Wahl getroffen. Der passende Dresscode für dieses Date hat mich lange beschäftigt. Denn wenn's im

Dunkeln zur Sache geht, darf man sich nicht erst in der eigenen Kleidung verheddern, sonst ist es schnell aus mit der Erotik.

Unter meinem schwarzen Etuikleid trage ich ein hauchzartes Unterkleid aus schwarzer Seide mit Spaghettiträgern. Dazu habe ich einen schwarzen Spitzen-BH und den dazugehörigen Slip ausgewählt. Unter dem Slip macht eine schwarze Strumpfhose meine Beine seidenweich. Es ist ein Ouvert-Modell, das zwischen den Beinen eine Öffnung hat. Also alles andere als ein Liebestöter ...

Ich setze mich vorsichtig auf ihn, nicht mit vollem Gewicht – das sind bei mir 76 Kilo, die sich auf einer Größe von 166 Zentimetern verteilen. Ich bin nicht dünn. Ich hab eindeutig ein bisschen Speck, da wo er hingehört. Und ich mag ihn. Die Männer auch. Ich beuge mich nach vorn und ertaste mit meinen Händen langsam sein Gesicht. Die Stirn, die Nasenwurzel, die Wangen mit den leichten Bartstoppeln. Ich atme tief durch die Nase ein. So, als wollte ich einen besonders tollen Duft intensiv in mich aufnehmen. Ich rieche eine Mischung aus herbem Moschus – und ihm. »Bitte vor unserem Date nicht duschen«, habe ich ihn instruiert. Damit Duschgel und Parfüm nicht seine persönliche Note verschlucken.

Und die ist der Wahnsinn! Meine Sinne feiern Silvester, ich bin völlig hin und weg. Er übrigens auch. Ich merke, wie er mit sich kämpft. Wie er fast die Selbstbeherrschung verliert. Er darf mich nicht berühren, aber er würde es gern tun. Seine Hände liegen plötzlich auf meinen Oberschenkeln. »Lass es«, bekommt er von mir zu hören. »Ich bin dran.«

Dieses Spiel im Dunkeln ist schon lange eine Fantasie von mir. Aber Uwe ist der erste Mann, bei dem ich aus dem Stand heraus das Gefühl hatte: Mit ihm würde ich es riskieren. Einmal haben wir vorher telefoniert. Und dabei war seine Stimme so samtig wie eine luxuriöse Lotion, mit der ich mich am liebsten von Kopf bis Fuß eingecremt hätte. Er wollte im Gespräch austesten, ob ich wirklich das draufhabe, was ich in meinem Profil beschreibe. Ob ich dominant genug bin, um für ihn interessant zu sein.

Uwe ist Manager in einem großen Unternehmen und steht ständig unter Strom. Es sind meist Männer wie er, die hart angefasst werden wollen. Sie lechzen danach, Macht abzugeben. Mal nichts entscheiden zu müssen. »Das war aber ein spannendes erstes Telefonat«, schrieb er mir später. »Mit dir würde ich mich auch treffen, ohne ein Foto von dir zu sehen.« Ausgetauscht haben wir unsere Bilder dann trotzdem. Uwe schickte mir ein Selfie von sich: schlank, dunkelbraune Haare, souveränes Lächeln, Designeranzug.

Den darf ich ihm in dieser Nacht ausziehen. Aber bevor es so weit kommt, löse ich seinen Krawattenknoten und öffne erst mal nur zwei, drei Knöpfe seines Hemdes. Mit meinen Lippen ertaste, erknabbere und erküsse ich den Bereich zwischen Schultern und Brustbein. Sein Körper bebt unter meinen Mund – und ich lege einen kleinen Stopp ein.

Ich ziehe seinen Oberkörper so weit hoch, dass ich ihm das Jackett ein Stück über die Schultern abstreifen kann.

Das hat den praktischen Nebeneffekt, dass seine Arme im Stoff gefangen sind, als ich ihn wieder sanft zurück aufs Bett schubse. Ich öffne die restlichen Knöpfe seines Hemdes und ziehe es aus dem Hosenbund. Uwe stöhnt. Er ist zu dem Zeitpunkt schon so in Fahrt, dass er sich kaum noch beherrschen kann.

Ich reize ihn ein bisschen mehr und ziehe seine Anzughose leicht herunter. So, dass ich mit den Lippen den Ansatz seiner Lenden erreiche. Da ist er extrem empfindlich. Ich öffne seinen Gürtel …

Bei *Secret.de* habe ich mich vor gut einem Jahr angemeldet, weil ich wusste, jetzt bin ich so weit. Jetzt kann und will ich Sex haben. Jetzt habe ich Lust auf diese Körperlichkeit. Und dafür will ich nicht durch Kneipen und Discos ziehen.

Mein Mann ist vor sieben Jahren an Krebs gestorben. Das hat unser ganzes Leben aus der Bahn geworfen. Ich stand plötzlich mit allen Verpflichtungen allein da: mit drei Kindern im Teenageralter, dem großen Haus. Ich musste überlegen, wo in Zukunft das Geld für alles herkommen sollte.

Meinen Teilzeitjob verwandelte ich in eine Vollzeitstelle. Inzwischen arbeite ich rund 50 Stunden pro Woche. Das ist viel für eine Frau mit Haus, Eltern, Schwiegereltern und drei Kindern, die ab und zu noch eine intensive Betreuung von mir brauchen. Nach dem Tod ihres Vaters brachen sie das Gymnasium und Ausbildungen ab. Meine Tochter ritzte sich, aß irgendwann nichts mehr. Nahezu alles lief aus dem Ruder.

Kein Wunder, dass ich mich sehr lange nicht für Männer interessierte. Ich hatte andere Dinge im Kopf und sowieso keine Zeit! Aber heimlich beneidete ich glückliche Paare. Verliebte zu sehen verursachte heftige Schmerzen tief in mir.

Die Trauer um meinen Mann ist ein Teil von mir, die kann mir keiner nehmen. Sie ist mein ständiger Begleiter. Aber vor einem Jahr beschloss ich, auch mal wieder etwas nur für mich zu tun. Daher richtete ich mir online ein Profil ein.

Dank dieser Entscheidung liegt in diesem Moment ein völlig erregter Mann vor mir, der unter die Decke gehen würde, wenn ich jetzt den Reißverschluss seiner Hose öffnete. Darum tue ich genau das nicht – und widme mich lieber seinen Füßen.

Ich wandere mit den Händen an der Innenseite seiner Hosenbeine hinunter und streife ihm die Socken ab. Mit den Zähnen erforsche ich sanft seine Zehen, um herauszufinden, wie empfindlich er da ist. Bei Berührungen an den Fußsohlen bricht Uwe in Gelächter aus, aber alles, was darüber liegt, zählt zur erogenen Zone.

Da ihm mein Knabbern fast schon zu gut gefällt, wechsele ich wieder den Einsatzort und öffne nun endgültig seine Hose. Ich fühle vor und merke, dass ich da eigentlich gar nichts mehr tun muss. Ich richte Uwe wieder auf und ziehe seinen Oberkörper an mich, sodass sein Kopf auf meiner Schulter liegt. Ich streife ihm das Jackett samt Hemd von den Armen und erlaube ihm endlich, mich anzufassen. Er gibt tiefe Lustlaute von sich, ist aber tatsächlich auch ein wenig nervös. Das merke ich an seinen zunächst noch zögerlichen Berührungen.

Doch die werden schnell zielgerichteter. Unsere Oberkörper sind fest aneinandergepresst. Uwe umarmt mich, seine Hände gleiten von unten nach oben zu meinen sehr empfindlichen Schulterblättern. Der Kerl ist fast zwei Meter groß, und große Männer machen mich schwach. Denn sie haben auch große Hände – und mit denen hält er jetzt kraftvoll mich als ganzes Wesen fest. So fühlt es sich zumindest an.

Als Nächstes nehme ich mir mit meinen Fingerspitzen seinen kompletten Oberkörper vor: Ich liebkose Hals, Nacken, Ohren, Schultern und den Brustkorb. Dieses Fühlen und Spüren – da steckt so viel drin! Die Textur der Haut, die Beschaffenheit der Muskulatur. Ich finde es unheimlich spannend, jemanden so zu ertasten. Auf diese Weise findest du garantiert die erogenen Zonen eines Mannes.

Kleine Schweißperlen bilden sich auf seiner Haut, und auch mir ist heiß. Schließlich bin ich im Gegensatz zu ihm noch in voller Montur. Mein Kleid ist hier und da schon leicht klamm vom Schwitzen. Aber unter diesen Umständen ist mir das alles andere als peinlich, denn auch Uwe mag meinen Geruch. Ich höre »Hmmms« und »Aaaahs«, sobald mein Körper seiner Nase nahe kommt. So regelt Mutter Natur eigentlich das Thema Fortpflanzung. Aber wir fokussieren uns auf das Thema Vergnügen.

Ein guter Zeitpunkt, um sich von einigen Kleidungsstücken zu trennen ... Ich ziehe mir mein Kleid über den Kopf und streife den Slip ab. Es bleiben der BH, das Unterkleid und die Strumpfhose mit der Öffnung an einer strategisch wichtigen Stelle. Ich ahne, dass er darauf steht – und das ist dann auch so. Als er spürt, was ich da anhabe, macht ihn das sichtlich heiß. Ich ziehe ihm die Hose runter.

Es gibt wenige Männer, die auf eine Witwe mit drei Kindern scharf sind. Daher habe ich diese Details in meinem Profil weggelassen. Trotzdem machte ich zunächst einen großen Fehler: Ich beschrieb meine Fantasien und Wünsche nur halbherzig und mit einigem Blablabla. Dadurch bekam ich auch nur Blablabla-Traffic. Ich dachte: Das gibt's doch nicht! Wie kriege ich denn die Kerle zu fassen, die mich wirklich interessieren?

Aus Wut und Lust und Sehnsucht heraus schrieb ich schließlich diesen Text für mein Profil:

*Wir führen einander sensibel und achtsam an den Rand eines unglaublichen Orgasmus und zögern diesen wieder und wieder hinaus. Es gipfelt in einer grenzenlosen Explosion. Wir lassen die verschwitzten, bebenden Körper zur Ruhe kommen, um uns dann erneut auf den Weg zum Gipfel zu machen. Ich genieße es, deine Erektion an die Grenzen des Erträglichen zu treiben – jedoch nicht darüber hinaus. Bis du förmlich um Erlösung bettelst. Während du genießt, verschaffe ich mir Befriedigung, und du kannst mein Spiel beobachten. Wir erforschen unsere geheimen Wünsche und finden unseren ganz eigenen, einzigartigen Rhythmus, der uns bis zur Ekstase treibt. Ich möchte dich hart nehmen dürfen. Und im besten aller Fälle – und nur dann – will ich von dir so hart genommen werden, dass …*

Meine Fantasie schien die der Männer anzuregen. Auf einmal erhielt ich ganz andere Zuschriften – endlich auch von Kerlen auf Augenhöhe. Die meisten kommen beruflich aus dem mittleren Management und höher. Zwischen meinen Männern und mir muss die Chemie stimmen, sonst brauche ich nicht mit ihnen ins Bett zu steigen. Ich habe mich mit einigen getroffen. Aber wenn die Anziehungskraft nicht reichte, habe ich sofort den Stecker gezogen.

Nicht bei Uwe, der jetzt nur noch im engen Slip vor mir liegt. Seine Muskeln an Armen und Beinen sind angespannt. Er reißt sich zusammen, um nicht allein vorzupreschen. Ich würde jetzt selbst gern zur Sache kommen und überlege, wo ich abkürzen kann. Die Gier siegt!

Ich ziehe ihm den Slip runter, lege meine rechte Hand an seinen Penis, die linke an den Damm, und berühre mit meinen Lippen nur ganz leicht die Eichel. Da ist er schon fast unter der Decke! Wenn ich jetzt zwei, drei gezielte Bewegungen mache, ist die Nummer durch. Also trete ich auf die Bremse. So schnell soll es ja nun auch nicht gehen.

Meine Sexpartner suche ich mir ganz genau aus. Schließlich will ich was von dem Ganzen haben! Ansonsten habe ich zwei gesunde Hände und mache es mir lieber selbst. Der Sex mit meinem Mann war großartig, und das Level würde ich gern halten. Natürlich hatten wir auch schwierige Zeiten, so wie jedes Paar. Wir standen einmal sogar kurz vor der Scheidung. Aber dann haben wir eine Ehetherapie gemacht.

Sex war eines unserer Probleme – er wollte immer, ich selten. Durch die Therapie haben wir gelernt, erst mal wieder richtig miteinander zu reden, und uns schließlich getraut, über unsere Fantasien zu sprechen. Das war dann wie ein Coming-out: Von da an waren Esstisch, Kühltruhe, die Anrichte im Flur oder auch der Keller nicht mehr vor uns sicher. Wir wurden sehr erfinderisch – und schnell. Das ist wichtig, wenn man drei Kinder im Haus hat. Zu dem Zeitpunkt, als mein Mann starb, war unser Sexleben nicht etwa am Ende, wie das bei vielen Paaren der Fall ist, die lange zusammen sind. Nein, wir erlebten gerade einen neuen Anfang.

Zurück auf Anfang: So läuft es auch bei Uwe und mir. Denn ich lasse von seinem Geschlechtsteil ab und nähere mich seinem Gesicht. Nach 90 Minuten sexueller Hochspannung küssen wir uns zum ersten Mal! Erst ganz zögerlich und behutsam, ohne Hände. Doch dann fallen wir übereinander her: gierig, ertrinkend, fordernd.

Uwe zieht mir mein Unterkleid aus, und ich setze mich auf ihn. Dann passiert etwas, womit ich nicht gerechnet habe – und er vielleicht auch nicht: Mit einem kräftigen Schwung dreht Uwe mich spontan auf den Rücken. Ich komme nicht mehr weg. Und er nimmt mich einfach! Er macht etwas, worauf ich unheimlich stehe: Uwe schiebt seine Arme unter mich und krallt sich mit seinen Händen an meinen Schultern fest. Gleichzeitig stößt er heftig.

Sex wie diesen finde ich unglaublich befriedigend. Ich liebe es, wenn es ein wenig animalisch wird. Dieses rohe Aufeinandertreffen, dieses In-Besitz-genommen-Werden.

Diese Kraft. Tiefer! Fester! Schneller! Uwe kann das richtig gut.

Bei mir reicht's nicht für einen Orgasmus, dafür geht alles zu schnell. Aber ich finde es unheimlich toll, ihn bei seinem Höhepunkt zu beobachten. Er ist völlig gelöst, setzt den ganzen Körper ein. Ich spüre, wie sein Glied in mir pulsiert. Für mich ist das ein Moment des Triumphes und der lustvollen Freude: Alles richtig gemacht! Vom Öffnen der Zimmertür bis hierhin war alles perfekt. Keine heikle Sekunde, nichts ist schiefgelaufen.

Was ich in dem Moment nicht weiß: Das kommt noch. Denn das war nur die erste Runde …

Manche Treffen, die übers Internet zustandekommen, werden Wochen und Monate vorher generalstabsmäßig geplant. Auf das erste Date mit Uwe konnte ich mich gerade mal 24 Stunden vorbereiten.

Zwischen unseren Wohnorten liegen Hunderte von Kilometern, was ein Treffen nicht gerade leicht macht. Aber eines Samstagmorgens schrieb er mir per Handy, er sei beruflich auf dem Weg nach Düsseldorf und komme da quasi bei mir vorbei. Ob wir uns nicht auf einen Kaffee treffen wollten? Ich musste natürlich arbeiten. Und war ein wenig sauer, denn hätte er nicht früher Bescheid geben können?

Abends schickte er mir dann ein Foto von seinem Hotelzimmer samt XXL-Bett.

*Man könnte sogar Handschellen daran befestigen,* so sein Kommentar.

*Die hab ich – oder hast du neuerdings auch welche?*

*Sie stecken bei mir eher selten im Business-Gepäck, also bin ich auf deine angewiesen. Außerdem ist selber fesseln ziemlich blöd …*

*Für heute hast du schlechte Karten, meine Tochter ist zu Besuch! Ich komme gern morgen Abend, wenn das für dich passt.*

Und wie das für ihn passte!

*Bringst du eine Flasche Sekt und Kondome mit? Ist unauffälliger, wenn du es kaufst, als ich hier im Hotel.*

*Du bist ja ein richtiger Profi. ;-) Dann muss ich nur noch Sekt besorgen. Hast du eine Vorliebe? Die Frage bezieht sich auf den Sekt.*

Mit meinem Lieblings-Crémant und Erdbeeren sitzen wir jetzt auf dem Bett und atmen erst mal durch. Eine Nachttischlampe brennt, weil Uwe meinte, dass er mich nun wirklich gern sehen würde. Ich hab ihm erlaubt, das Licht anzumachen.

Alle Kissen sind hinter meinem Rücken, mein linkes Bein ist ausgestreckt, das andere angewinkelt. Uwe liegt neben mir – mit etwas Abstand, damit er mich ganz im Blick hat. Ich bin ein zufriedenes Weib! Mit Glas in der Hand und Erdbeeren daneben. Ich fühle mich wahnsinnig toll. Nicht etwa wie »Hihi, ich hab gerade ein tolles

Spiel gespielt«. Sondern: »Wow! Das war mal richtig geil. Vollkommen rund und harmonisch.«

Uwe und ich sprechen darüber, wie wir uns vor dem Treffen gefühlt haben. Jeder von uns war aufgeregt, auf seine Art. Ähnlich wie ich dachte er: Kommt wirklich die Frau, mit der ich telefoniert habe? Riecht sie vielleicht schrecklich? Ist ihr Foto uralt? Auch für ihn war es das erste Blind Date im Dunkeln. Seine Sorge dabei: Was ist, wenn man feststellt, dass man sich überhaupt nicht leiden kann? Uwe hatte keinen Notfall-Plan. Ich schon.

»Schätzelein«, sage ich. »Ich kann dich beruhigen. Ich habe ein eigenes Zimmer.« Und zwar in einem Hotel um die Ecke. Schließlich war es mir wichtig zu wissen, dass ich jederzeit die Reißleine ziehen kann, wenn ich will.

Wir verstehen uns jedoch so gut, dass wir auf unsere Vorlieben zu sprechen kommen. Wer was wie mag. Er sagt, dass er ein bisschen irritiert sei, weil er in der Missionarsstellung sonst eigentlich gar nicht zum Höhepunkt kommt. Er hat da deutlich andere Vorlieben.

Ich habe Uwe nach dieser Nacht mal einen so genannten »Sklavenbogen« ausfüllen lassen. Da kreuzt du an, was du als devoter Sexpartner alles mitmachen würdest und was nicht.

Seine Wünsche konnte er mit seinen bisherigen Frauen nicht einmal ansatzweise ausleben. Er schrieb mir, dass ich die einzige Frau in seinem Leben sei, die so dezidiert über seine sexuellen Vorlieben aufgeklärt ist.

Und die leben wir beim ersten Date weiter aus, denn Uwe hat sich überraschend schnell erholt. Facesitting also. Für mich als kleine Frau gar nicht so einfach: Wenn er auf dem Bett liegt und ich mich auf Knien über seinem Gesicht positioniere, bin ich zu nah dran, und er kriegt keine Luft mehr. Also muss ich mich hinhocken. Wenn du nicht gerade Sportler-Oberschenkel hast, wird das echt anstrengend. Also halte ich mich am Kopfteil des Bettes fest, weil ich irrwitzigerweise davon ausgehe, dass es fest an die Wand geschraubt ist.

Ich befehle Uwe, meine Klit zu befriedigen, zu massieren, zu kosten. Uwe ist auf diesem Feld ein echter Virtuose! Er hat eine ganz eigene Technik, am Kitzler zu saugen und ihn zu stimulieren. Er wechselt zwischen beidem so geschickt ab, dass ich mich kaum noch beherrschen kann. Ich habe wenige Männer in meinem Leben getroffen, die das richtig können. Er ist ein Künstler.

Ich hänge mit den Händen am Kopfteil und lasse mich gerade so richtig gehen, als das Ding plötzlich von der Wand kracht. Ich rolle rückwärts wie ein Käfer, und das Kopfteil landet auf Uwes Gesicht – zum Glück ist es gepolstert. Ein kurzer Moment des Schocks, dann lachen wir uns kaputt. Wir brechen ab, krabbeln beide aus dem Bett und machen die Festbeleuchtung an, um herauszufinden, wie wir den Schaden wieder reparieren können. Es stellt sich heraus, dass das Ding nur an vier Schrauben locker aufgehängt war und wir Feingefühl brauchen, bis es wieder an Ort und Stelle ist.

Feingefühl beweist Uwe auch bei der Fortsetzung unserer unterbrochenen Nummer. Ich gehe erneut über seinem Gesicht in die Hocke, stütze mich dieses Mal aber lieber auf ein paar Kissen ab und bin schnell wieder im Genießer-Modus. Uwe weiß in jedem Augenblick, wo ich gefühlsmäßig stehe, und kann mich da abholen. Er holt mich und lässt mich unmittelbar vorm Ziel wieder hängen, dann holt er mich ... Ein geiler Kerl! Mein Orgasmus ist überwältigend, und danach drehe ich mich erst mal zum Ausruhen auf den Rücken.

Ich bin an diesem Punkt schon mehr als zufrieden. Mir geht es richtig gut, und ich liege lächelnd in den Kissen. Uwe erwischt mich also in einem passenden Moment, als er mich fragt, ob ich eine seiner Fantasien mit umsetzen will. Klar! Schließlich kann ich dank ihm ein Häkchen ans »Blind Date im Dunkeln« machen.

Uwe zeigt auf das Sideboard mit Glasplatte, das sich gegenüber vom Bett an der Wand entlangzieht. Darüber hängt ein XXL-Spiegel. »Ich will dich auf dem Sideboard von hinten nehmen«, sagt er. Und das machen wir dann. Weil ich so klein bin, muss ich für diese Position auf die Zehenspitzen gehen. Und weil das Board nur etwa 50 Zentimeter tief ist, klebe ich mit meiner Nasenspitze direkt am Spiegel.

Das ist nicht bequem, aber der Spaß an der Sache kommt, wenn man sich darauf einlässt: Ich recke meinen Kopf so hoch, dass ich Uwe im Spiegel in die Augen schauen kann. Wir fixieren uns die ganze Zeit – und das allein ist schon purer Sex! Uwe stößt und stößt, und plötzlich hören wir einen dumpfen Aufschlag. Es zischt, und um unsere Füße wird es nass.

Der Crémant! Die Flasche hatten wir vorher aufs Sideboard gestellt. Durch das Geruckel ist sie wohl immer weiter zur Kante gewandert – und schließlich abgestürzt. Jetzt dreht sich die Flasche auf dem Boden wie ein Zauberkreisel, und der Inhalt verteilt sich schäumend im ganzen Zimmer. Wir müssen wieder unterbrechen und opfern einen Satz Handtücher, um das Prickelwasser aus dem Teppich und den Ecken zu tupfen. Die Flasche ist unters Bett gerollt. Lachend holen wir sie hervor und teilen uns die letzten Schlucke.

Das Ganze hat auf jeden Fall einen positiven Nebeneffekt: Wir kleben so, dass wir erst einmal zusammen duschen gehen. Ich seife Uwe am ganzen Körper ein, das findet er unheimlich toll. Wir sehen uns jetzt erstmals im grellen Licht, und da fällt uns auf, dass wir beide einige Narben am Körper haben – ich zum Beispiel von meinem Not-Kaiserschnitt bei der Geburt der Zwillinge. Wir erzählen uns die Geschichten zu unseren »Verletzungen« und haben dabei fast so viel Spaß wie im Bett.

Und genau das ist mir wichtig: Ein einfaches Rein-Raus reicht mir nicht. Uwe und ich können nicht nur oral, sondern auch verbal gut miteinander. Damit, dass wir uns auf Anhieb so gut verstehen, hatte ich nicht gerechnet. Im Leben nicht! Es ist schon komisch: Wir haben eine Beziehung, und wir haben keine Beziehung.

Vor Kurzem trafen Uwe und ich uns zum zweiten Date. Vom Treffpunkt aus fuhren wir in seinem Wagen zum Hotel. Ich saß hinterm Steuer, weil ich eine Schwäche für schnelle Autos habe. Wenn dir die Männer ihr Auto geben, hast du's eh geschafft. Er besitzt einen Luxus-Schlitten mit dem größten Motor, den es gibt. Was für eine Power! Ich war im Geschwindigkeitsrausch.

Aber ein Detail holte mich auf den Boden der Tatsachen zurück: Als ich die Sonnenblende auf der Fahrerseite runterklappte, flatterte ein Foto einer anderen Frau herunter.

Ich bin eben nicht die Einzige in seinem Leben. Aber wenn du dich auf so eine Geschichte einlässt, bist du sowieso raus aus allen üblichen Konventionen. Man darf dabei nicht zu viel bürgerliches Denken im Kopf haben, sonst funktioniert das Ganze nicht.

Im Prinzip ist es wichtig, dass ich mir das immer vor Augen halte. Diese Art der Beziehung – oder sollte ich lieber sagen: Nicht-Beziehung? – funktioniert nur, wenn du es wirklich so lebst und es dir damit gut geht. Wenn du eigentlich mehr willst, wird es schwierig. Eins muss dir klar sein: Du bist das Abenteuer, die Liaison. Wenn ihr euch trefft, bist du die Königin, die Einzige, wirst auf Händen getragen. Aber dann kommt eine Grenze, von der an du raus bist.

Doch bei unserer ersten gemeinsamen Hotelnacht ist erst mal »rein« angesagt: Uwe möchte gern meinen Körper mit den Fingern erforschen – von innen. Ich bin sowieso gerade in einem Zustand der Tiefenentspannung, also lege ich mich auf die faule Haut und lasse mich bedienen.

Es gibt Männer, die sind beim Fingern brachial und ungelenk. Aber Uwe ist so vorsichtig und umsichtig, dass ich viel zulassen kann. Erfassen, ertasten – auch das fühlt sich wieder richtig gut an. Ich liege mit gespreizten und angewinkelten Beinen auf dem Bett, und er bringt meine Klit mit Daumen und Zunge in Fahrt. Da hat er eine tolle Technik! Der perfekte Wechsel zwischen Druck und zartem Streicheln, zwischen rein und raus ...

Nach einer Weile arbeitet sich seine Zunge von meinen Schamlippen nach hinten vor. Und ich weiß, was er sich als Nächstes wünscht, wir müssen es gar nicht aussprechen. »Ich habe Gleitgel dabei«, sage ich und dirigiere ihn zu meiner Handtasche.

Das nehme ich immer mit. Denn wenn's an irgendeiner Stelle klemmt, ist das eine Katastrophe. Dann tut es gleich richtig weh. Er nimmt das Gleitgel, und ab sofort bin ich passiv und er aktiv. Wir drehen das Spiel!

Analverkehr beim ersten Treffen? Eher ungewöhnlich. Aber ich habe Lust darauf. Uwe erfühlt, betastet und weitet auf gekonnte und hochsensible Art meinen Anus. Ganz sachte und sehr zärtlich. Das ist überhaupt nicht dirty, sondern souverän und erotisch.

Ich habe es auch schon anders erlebt: Wenn Typen nur vom Trieb geleitet ihren Penis reinrammen und du dich einfach nur erniedrigt fühlst. Das ist hier überhaupt nicht der Fall. Als ich schon vor Lust laut stöhne, fragt er: »Darf ich?« Und ich antworte: »Ich bitte darum!« Weil ich es will.

Er packt mich und dringt in mich ein. Ich spüre Trieb, Lust, Freude, Respekt – alles auf einmal! In dieser Stellung komme ich nie zum Orgasmus, auch heute nicht. Dennoch überrollt mich am Ende eine Welle der Erfüllung. Was wir da haben, gibt es normalerweise nicht. Wir sind uns dessen auch bewusst. Unsere Begegnung konnte nur so laufen, weil zwei Menschen in der Lage waren, sich auch ohne Drehbuch vollkommen aufeinander einzustellen. Das gibt es ganz, ganz selten. Es war unfassbar risky. Aber wir haben uns getraut und auf ganzer Linie gewonnen.

Es gibt drei Männer, mit denen ich mich regelmäßig treffe, Uwe ist einer davon. In den letzten 14 Tagen habe ich sie alle drei gehabt und dachte erst: Ist das noch moralisch korrekt? Aber ich hatte Lust drauf – und das ist letztendlich alles, was zählt.

Es ist vier Uhr morgens, als Uwe und ich einen Schnitt machen. Schließlich muss er in wenigen Stunden einen Vortrag halten! Wir sind völlig im Eimer, denn wir haben uns im wahrsten Sinne des Wortes die Seele aus dem Leib gevögelt – aber mit unheimlich viel Gefühl.

»Wenn du möchtest, gehe ich. Ich hab ja ein eigenes Hotelzimmer«, sage ich. Das hätte ich auch vollkommen in Ordnung gefunden. Doch er erwidert: »Bleib.« Uwe schmiegt sich von hinten an mich, und ich passe genau in die Biegung seines Körpers. Uwe ist zwar ein taffer Manager, aber er hat auch diese andere Seite. Die ist ganz behutsam, zärtlich und devot. Das fasziniert mich.

Wir schlafen bis sieben. Als das Zimmermädchen mit dem Frühstück klopft, verschwinde ich kurz im Bad. Uwe sagt wieder: »Bleib noch, ich möchte dich gern bei mir haben.« Splitterfasernackt sitze ich in dem großen Bett, habe mir wieder alle Kissen hinter den Rücken gestopft, damit ich ihn gut beobachten kann. Ich beiße genussvoll in ein dickes Croissant, während er sich in aller Ruhe fertig macht. Uwe zieht ein Hemd an, das ich am liebsten gleich wieder aufknöpfen würde. Socken, Hose und Jackett. Immer wieder schauen wir uns an. Schon so vertraut – aber schließlich haben wir uns ja in den letzten Stunden auch ungemein viel anvertraut.

Ich lasse ihn schließlich gehen, wir geben uns zum Abschied einen Kuss. Ich dusche nicht, denn ich will seinen Geruch noch ein bisschen bewahren. Bevor ich das Zimmer verlasse, fotografiere ich das Sideboard. Als kleine Erinnerung. Auf der Glasplatte sind deutlich meine Fingerabdrücke zu sehen. Schöne Spuren unserer Lust …

Vielleicht bin ich manchmal ein bisschen sentimental. Aber naiv bin ich nicht. Daher nehme ich meine Eroberungen auch niemals mit zu mir nach Hause. Das ist mein Bereich, und ich lasse niemanden hinein, der in meinem zukünftigen Leben keine Rolle spielen wird.

Ich wohne seit über 20 Jahren in einem kleinen Ort. Da klingelt schon ein Nachbar, wenn ich mal zu lange das Garagentor offen stehen lasse. Was würden die lieben Menschen von nebenan wohl tun, wenn hier ständig neue Männer ein- und ausgingen? Ich war jahrelang im Kirchengemeinderat, in Elternbeiräten und sonstigen Gremien. Das passt ins Raster. Aber auf dem Dorf begreift doch kein Mensch, dass man Sexualität so leben kann, wie ich das gerade mache!

Wenn die das wüssten, würden die Frauen mich verachten und die Männer sich fragen: Warum war ich noch nicht mit ihr im Bett? Die Gesellschaft ist in dieser Beziehung einfach zu bigott, daher trenne ich mein Privatleben streng von meinem Sexleben.

Ich habe mir sogar extra ein zweites Ich zugelegt: Diane ist nicht mein echter Name – so heiße ich nur für die Männer, die ich treffe. Und Diane erreichen sie unter einer ganz eigenen E-Mail-Adresse und auf einem separaten Handy. Von dem aus schicke ich mir vor jedem Rendezvous die Infos, wo und mit wem ich mich treffe, auf mein Alltags-Smartphone. Quasi als kleine Rückversicherung, falls mir etwas zustoßen sollte. Und genau so eine Nachricht hat meine Tochter dann mal durch Zufall gesehen.

Sie fragte: »Was heißt das denn? Was machst du da?«

»Das ist noch nichts für kleine Töchter«, witzelte ich zurück.

»Ich bin kein kleines Kind, du datest doch«, konterte sie.

Da konnte ich nicht anders, als ihr die Wahrheit zu erzählen. Zumindest einen Teil davon. In dem Moment brach eine dicke Mauer zwischen uns ein, und unsere Beziehung veränderte sich extrem. Wir reden jetzt so frei wie noch nie über Sexualität. Dieser Zufall hat uns einander wirklich geöffnet.

Meine Tochter ist bei einer anderen Dating-Seite angemeldet, wir haben uns dann gegenseitig unsere Profile gezeigt. Sie hat momentan auch jemanden, mit dem sie nur ins Bett geht, und sagt: »Wir tun einander gut, aber eine Beziehung wollen wir nicht.« Meine Tochter lebt bereits das, wofür ich 50 Jahre gebraucht habe!

Ich zähle ja zu den eher kleinen Frauen, aber an diesem

Morgen stolziere ich gefühlt zwei Meter groß aus dem Hotel heraus. Ich schmunzle bei dem Gedanken daran, wie nervös ich gestern durch dieselben Glastüren ins Ungewisse schritt – und sie jetzt völlig gewandelt wieder passiere.

Das Abenteuer mit Uwe war für mich eine solche Befriedigung, ein solches Glück! Die Erinnerung an meinen Mann und den wunderbaren Sex mit ihm werde ich immer in mir tragen. Aber diese Nacht war ein Meilenstein und ein wesentlicher Schritt in meinem neuen Leben ohne ihn. Zum einen, weil ich dank Uwe erfahren durfte, dass man Sex auch in den Armen eines Fremden mit höchster Befriedigung erleben kann. Zum anderen aber auch, weil mich die Stunden mit ihm darin bestärkt haben, selbstbewusst in die Welt zu marschieren und zu sagen: Hier bin ich! Ich will Sex! Und ich hätte es übrigens gern so und so und so und so. Magst du oder magst du nicht?

Ich finde, das ist auch eine Form der Emanzipation.

Es gab in jener Nacht einen Moment, in dem mir durch den Kopf ging: Jetzt bist du der Macho! Du bist die Frau, die sich nimmt, was sie will. Das hat mir sehr viel Kraft gegeben. Daher steht meine Entscheidung fest: Ich pfeife auf falsche Normen sowie antiquierte Moralvorstellungen.

Und bin plötzlich ganz frei.

# Wir führen eine offene Ehe – und das bringt uns wieder näher zusammen

## Luise, 37

Vor fünf Minuten bin ich nach Hause gekommen und sitze jetzt mit einer Apfelschorle am Küchentisch. Auf meiner Zunge tanzt die Kohlensäure – und im Kopf die Erinnerungen an das, was in den vergangenen Stunden passiert ist.

Die Tür geht auf, mein Mann trägt zwei volle Supermarkt-Tüten herein. Er lächelt mich an und fragt: »Na, gut gevögelt?«

Ich antworte strahlend: »Ja – und was kochen wir heute Abend?«

Eine typische Szene aus unserer Ehe, so wie sie seit drei Monaten ist: offen. Christian und ich haben uns frei gemacht von dem, was die Gesellschaft als gute Beziehung bezeichnet. Wir haben uns gelöst vom konservativen Bild des monogamen Lebens. Wir sind ein Paar, ein sehr gutes sogar. Aber nun hat jeder die Freiheit, seine Sexualität so auszuleben, wie er es möchte. Es gibt also auch eine neben dem Eheleben.

Ich glaube, das würde sehr vielen Menschen sehr guttun. Mal in sich selbst hineinzuhorchen und herauszufinden: Was will ich eigentlich? Und kann ich das in meiner Beziehung bekommen? Wenn nicht, sollte es erlaubt sein zu sagen: Mir fehlt was. Darf ich mir das woanders holen?

Ich habe diesen Schritt gewagt, aber erst, nachdem es mir lange schlecht ging. Denn schließlich erlaubst du dir als gute Ehefrau nicht den Gedanken, dass es überhaupt die Möglichkeit gäbe, auch mit anderen Männern zu schlafen. Aus Angst, das würde die Liebe zerstören. Dabei hat unsere neue Offenheit das Gegenteil bewirkt: Christian und ich sind uns heute so nah wie nie zuvor. Und das, nachdem wir über zwei Jahre lang gar keinen Sex mehr miteinander hatten!

Wir sind seit 14 Jahren zusammen, verheiratet seit sieben. Ich lernte ihn nach einer sehr wilden Zeit in Münster kennen. Dort hatte ich meine Ausbildung gemacht und es richtig krachen lassen. Ich hatte mir alles gegönnt: kurze Beziehungen, Affären oder einfach nur Fickfreunde. Sehr euphorisiert und vielleicht auch ein bisschen übersexualisiert kam ich in meine alte Heimat zurück und traf dort auf Christian, einen sehr gut aussehenden, humorvollen und sportlichen Mann.

In den ersten Wochen liegen frisch Verliebte ja normalerweise jede freie Sekunde eng umschlungen im Bett. Bei uns aber war das anders. Wir gingen stundenlang spazieren, lachten und fanden heraus, dass wir im Leben die gleichen Ziele haben. Es passte einfach! Und ich fand es toll, von einem Mann mal nicht nur auf das Eine reduziert zu werden.

Was Erotik angeht, sind wir grundverschieden: Ich

würde mich als sehr sexuellen Menschen bezeichnen, Christian ist das nicht. Meine Wünsche sind nicht extrem, aber was die Häufigkeit und Intensität unserer sexuellen Beziehung anging, war ich ziemlich unterversorgt. Nachdem wir zusammengezogen waren, beschäftigte sich Christian im Bett meist lieber mit einem Buch als mit mir. Andererseits stimmte es in allen anderen Bereichen: Christian ist wahnsinnig fürsorglich, das kannte ich von anderen Männern nicht. Er hat mich geerdet und tut das bis heute. Als sich herauskristallisierte, dass das zwischen uns etwas Ernstes ist, dachte ich: Mein unerfülltes Sexleben ist wohl der Preis, den ich dafür zahlen muss, dass ich einen ansonsten rundum tollen Mann erwischt habe. Du findest doch niemanden, der hundertprozentig zu dir passt. Wenn du auf 80 Prozent kommst, ist das doch ein super Wert!

Christian und ich sind ein tolles Team. Wir bewältigen gemeinsam unseren Alltag, erfüllen uns Träume.

So wie vor fünf Jahren – da kündigten wir unsere Drei-Zimmer-Stadtwohnung und zogen auf einen Resthof außerhalb von Osnabrück. Wir steckten alles rein, was wir an Zeit, Geld und Nerven zu erübrigen hatten. Schon als kleines Mädchen malte ich Bilder von einem Haus, neben dem ein Pony stand. Nun hatte ich es – und daneben grasten sogar zwei Pferde! Dazu Hühner, Kaninchen, Katzen und ein großer Bauerngarten mit einem Gewächshaus, in dem wir Paprika, Tomaten, Gurken und Mangold anpflanzten. Wenn uns Freunde besuchten, sagten sie immer: »Idyllischer geht's nicht – das ist ja wie im Urlaub!«

Allerdings wie in einem sehr enthaltsamen, denn der

Sex mit Christian wurde immer seltener. Es gab kleine Hochphasen, dann passierte mal wieder lange nichts. Es folgte eine Zeit, in der ich mir hintereinander gleich mehrere Körbe von ihm einfing. Und da hatte ich die Faxen dicke. Ich sagte: »Wenn du irgendwas von mir willst, sag mir Bescheid. Ich mache jetzt keine Versuche mehr. Das frustriert mich.« Normalerweise sind es ja immer die Männer, die öfter wollen als ihre Frauen. Bei uns war es anders herum. Und nach meiner Ansage folgte die erwähnte Sexpause, denn über zwei Jahre lang äußerte Christian kein Verlangen nach Sex mit mir. Wir lagen nebeneinander im Bett, doch mir schien es, als wären wir körperlich meilenweit voneinander entfernt.

Immerhin wusste ich, wie ich bei mir den Druck nehmen konnte. Ich arbeite nämlich nebenbei als Beraterin für Erotikspielzeug und zeige Frauen auf Partys bei ihnen zu Hause die neuesten Trends. Zum Höhepunkt bumsen muss mich keiner, das kann ich auch allein. Ganz gezielt, gar kein Problem. Aber das ganze Drumherum – das kann kein Spielzeug dieser Welt.

Mit einer Freundin sprach ich darüber, dass bei Christian und mir tote Hose herrschte. Sie meinte: »Du warst früher so wild, ich erkenne dich gar nicht wieder!« Ich spielte das Ganze runter: »Ach komm, Sex ist nicht alles.« Ich redete mir meine Situation lange schön. Es braucht manchmal seine Zeit, bis man darauf kommt, dass man nicht mehr man selbst ist und der Sex einem einfach im Leben fehlt.

Der Prozess meines Erwachens zog sich durchs ganze vergangene Jahr.

FRÜHLING

Durch den Frust in meiner Ehe habe ich mich richtig fett gefressen. So, dass ich mich selbst schon nicht mehr im Spiegel anschauen will. Doch im Frühling ist der Punkt erreicht, an dem ich entscheide: Du machst jetzt Sport und nimmst endlich ab! 15 Kilo verliere ich in einem Jahr und werde plötzlich wieder von anderen Männern wahrgenommen.

In der Zeit träume ich aber meist von einem ganz speziellen: ein Exfreund, mit dem ich vor einer Ewigkeit sensationellen Sex hatte. In diesem Punkt waren er und ich genau auf einer Wellenlänge – in anderen nicht, deswegen haben wir uns getrennt. Trotzdem ist er bis heute ein besonderer Mensch für mich.

Eines Morgens wache ich auf und habe seine alte Handynummer im Kopf. Ich gebe sie ein und sehe über WhatsApp, dass sie noch aktiv ist. Himmel hilf!

SOMMER

Ich traue mich, ihm zu schreiben. Nach einem zögerlichen *Hallo, wie geht's dir?* von mir schreibt er gleich zurück. Hin und her gehen unsere Botschaften – und natürlich landen wir innerhalb von 48 Stunden beim Thema Sex. Sein Kommentar zu dem, was bei mir zu Hause abgeht:

*Das ist ja so, als hätte man einen Ferrari in der Garage stehen und würde mit nem Fiat Punto zur Arbeit fahren!*

Und ich denke nur: Wie toll wäre es, wenn du jetzt neben mir liegen würdest …

Mein Verlangen nach einem anderen Mann belastet mich ziemlich, und ich fange an, alles in Frage zu stellen:

Wohin geht meine Reise? Wäre ich eventuell bereit, alles für einen anderen aufzugeben? Aber Christian und ich sind so gut zusammen! Das kann ich nicht einfach wegwerfen, nur weil ich mich chronisch untervögelt fühle. Das wäre doch dumm! Und abgesehen davon: Ich will mich nicht von ihm trennen!

HERBST

Im Herbst leide ich plötzlich unter extremen Schlafstörungen. Ich liege nachts um zwei wach, und in meinem Kopf rattert es – weil ich keinen logischen Ausweg aus meiner Situation sehe! Um wieder besser zu schlafen, trinke ich Alkohol, nehme Tabletten, kombiniere beides und lasse alles weg. Aber nichts funktioniert. Nachts rolle ich mich schlaflos von einer Seite auf die andere, tagsüber schlurfe ich hundemüde und mit Trauermusik auf den Ohren durch die Gegend. Christian gegenüber mache ich zunächst subtile Andeutungen, dann sage ich ihm direkt ins Gesicht: »Jetzt vögel mich doch mal wieder durch, damit ich vernünftig schlafen kann!«

Seine Antwort: »Meinst du wirklich, das hilft?«

WINTER

An Weihnachten, dem Fest der Liebe, platzt es aus mir heraus: »Ich kann das nicht mehr! Mir fehlt das Körperliche zwischen uns.« Christian erstarrt innerlich und äußerlich, weil er damit nichts anfangen kann. Er fragt: »Was soll ich denn jetzt machen?« Ich schweige, denn ich will keine Regieanweisungen geben. Darauf folgt eine hölzerne Umarmung. Du weißt, er macht das jetzt, weil er muss – nicht, weil es von Herzen kommt. Christian liebt mich, das steht außer Frage. Aber er hat die Bedeutung dieser Gesten nie gelernt. Er war noch nie ein Kuschler oder jemand, der dich gern in den Arm nimmt.

Wir gehen beide getrennt voneinander schon länger zu einer Hypnosetherapeutin, die uns hilft, uns weiterzuentwickeln. Sie rät mir: »Das ist Christians Thematik, die kannst du nicht für ihn mittragen. Unterstütze ihn, aber grenze dich auch ganz klar ab. Das ist seine Baustelle.« Obwohl ich weiß, dass es anscheinend einen triftigen psychologischen Grund für Christians Verhalten gibt, kann ich den Ist-Zustand nur noch schwer akzeptieren. Mir sind Berührungen nun einmal wahnsinnig wichtig! Die Therapeutin gibt mir ein wichtiges Mantra mit auf den Weg: Jeder ist für sich selbst verantwortlich!

Weil ich also nicht erwarten kann, dass Christian mein Problem löst, grüble ich weiter. Anfang Januar präsentiert Christian mir stolz einen Ratgeber, den er für mich bestellt hat. Darin geht es darum, wie man mit Hilfe von energetischer Medizin sein Schlafproblem los wird. »Probier das doch mal aus«, schlägt mein Mann vor.

In dem Moment klappe ich innerlich zusammen. Und dann sprudelt alles aus mir heraus, ohne Punkt und Komma. »Wie soll das mit uns weitergehen? Ich bin 37, und du lässt mich am langen Arm verhungern! Ich kann das nicht! Ich will das nicht!«

Ich sitze da und heule. Christian guckt entsetzt, nimmt mich schließlich in den Arm und fragt: »Um Gottes willen, was ist denn los?«

Dann reden wir zum ersten Mal wirklich über unser Ehe-Problem. In den Tagen davor habe ich mich schon in Foren schlau gemacht: Was kann man machen, wenn man in einer Situation steckt wie der unseren? Was gibt es da für Möglichkeiten? Ich habe eine gefunden – aber mich bisher nicht getraut, sie auszusprechen …

Jetzt frage ich beherzt: »Könntest du dir vorstellen, mich für den Sex freizugeben?«

Ich glaube nämlich, dass keiner von uns beiden das Teil hat, das in unserem 1000-Teile-Puzzle fehlt. »Was hältst du davon, wenn wir uns das von woanders dazu holen?«, schlage ich vor. »Ansonsten ist ja alles gut, so wie es ist.«

»Wirklich?«, vergewissert sich Christian. »Ist sonst wirklich alles gut?«

»Ja. Ich möchte mit dir zusammen sein, ich möchte mit dir genau hier wohnen. Mir fehlt nur der Sex.«

Christian erwidert: »Ich sehe, dass du so, wie es ist, total unglücklich bist. Und ich möchte, dass sich das ändert.« Er bittet sich jedoch Bedenkzeit aus. »Lass mich noch mal drüber schlafen – aber grundsätzlich habe ich nichts dagegen.«

Hat er das gerade echt gesagt? Ich kann's nicht glauben!

Dann offenbart Christian noch etwas, das mich völlig überrascht: »Als du mir vorgestellt wurdest, geschah das mit den Worten: ›Das ist Luise, die reißt alle Männer auf!‹« Und dieser Satz scheint tief zu sitzen, denn es folgt ein großes Geständnis: »Ich hatte noch nie das Gefühl, dass ich dir im Bett auch nur annähernd das bieten kann, was du von mir erwartest.«

Darüber hat Christian bisher nie gesprochen. Während der ganzen 14 Jahre nicht, die wir zusammen sind! Und jetzt kommt er plötzlich damit raus. Das zeigt mir aber auch, dass ihm dieser Gedanke sicher schon oft zu schaffen gemacht hat.

Christian erklärt: »Wenn ich eine Libido von 25 habe und du von 96, kann ich immer hundert Prozent geben – aber an dich werde ich niemals rankommen.«

Und damit hat er völlig recht.

Es ist ein Mittwochabend, und wir beschließen, uns am Samstag noch einmal in Ruhe darüber zu unterhalten. Egal, was dabei rauskommen wird – mir ist nur durch unser Gespräch schon ein Stein vom Herzen gefallen. In dieser Nacht schlafe ich das erste Mal seit Monaten wieder durch. Ich fühle mich unendlich befreit.

Als weiterer Nebeneffekt ist die am Ende fast unerträglich gewesene Spannung zwischen Christian und mir weg. Wir treten uns sofort wieder viel weicher gegenüber. Sind nachsichtiger, ruhiger, entspannter.

Am Samstag sagt Christian dann: »Okay, lass uns das mit der offenen Ehe versuchen.«

Ich betone: »Aber das gilt natürlich für uns beide. Wenn ich mir andere Partner suche, darfst du das auch.«

Wir stellen vier Regeln auf:
Jeder behält die Namen seiner Affären für sich …
… genauso wie deren Wohnorte.
Wir treffen uns nicht mit anderen auf unserem Hof.
Sex nur mit Gummi!

Wir sind uns einig, im Dialog zu bleiben, was diese Regeln angeht. Schließlich wissen wir nicht, ob sie machbar sind und ob wir dem anderen nicht doch mehr über unsere außerehelichen Treffen erzählen wollen.

Noch ist alles nur Theorie. Laut der darf ich flirten, Sex haben, Dinge ausprobieren. Wie cool! Aber wo lerne ich bitteschön geeignete Männer kennen? Christian und ich sind der Meinung, dass wir am liebsten jemanden für länger finden würden. One-Night-Stands sind so unfassbar anstrengend! Da hast du keine Chance, dich aufeinander einzuspielen.

Ich probiere zunächst eine Online-Plattform aus, die sich als Enttäuschung erweist. Mehr als ein paar flüchtige Treffen und etliche Pimmel-Fotos kommen nicht dabei rum. Ich suche ebenbürtige Männer, mit denen ich Sex und Spaß haben kann, doch die finde ich hier nicht. Also google ich weiter – und stoße auf *Secret.de*. Das Gute: Hier kann ich eine Umkreissuche machen und entdecke so innerhalb weniger Minuten Felix, der im Nachbarort wohnt. Auf den ersten Blick nicht unbedingt der Typ Mann, auf den ich fliege. Aber er hat nette Fotos und einen vernünftigen Text, in dem er schreibt, dass er auch eine offene Ehe führt. Und das macht mich neugierig.

Ich schreibe ihn ziemlich bott an:

*Moin! Pass auf: Ich wohne ein Dorf weiter und gebe dir jetzt mal ganz naiv meine Handynummer. Wenn du Bock hast, melde dich. Wenn nicht, vergiss diese Nachricht einfach.*

Zwei Stunden später schreibt er mir zurück. Sagt aber

gleich, dass er gerade heiß begehrt ist und ich auf ein Date warten müsse. Das glaub ich jetzt nicht!

Komischer Kerl, der anscheinend die große Auswahl hat. Aber ein ganz netter – und erfahrener. Er und seine Frau machen das mit der offenen Ehe schon ganz lange, weil sie sexuell unterschiedlich orientiert sind. Felix ist also der Beweis dafür, dass es klappen kann. Von ihm kann ich sicher eine Menge lernen!

Unser erstes Date findet zwei Wochen später an einem Freitag statt. Auch wieder unter kuriosen Voraussetzungen: Felix schreibt mir Anfang der Woche, dass er an dem Abend eigentlich mit einer anderen verabredet sei. Aber ihr Interesse habe nachgelassen. *Wenn du Glück hast, kannst du einspringen!*

Super, denke ich. Genau das, was man sich wünscht … Und dann habe ich wirklich »Glück«: Die andere sagt ab, und ich mache mit Felix eine Altstadttour durch Osnabrück. Wir ziehen durch ein paar Kneipen, quatschen, feiern und landen irgendwann knutschend in einem Hauseingang. Ein paar Jugendliche schlendern vorbei und grölen: »Jetzt bist du schon so weit – nimm sie mit nach oben!« Ich fühle mich plötzlich wie ein Teenie.

Ich lasse mich ohne Bedenken auf Felix ein, weil er eine große Gelassenheit ausstrahlt. Ihn kann nichts umhauen, und er hat auf alles eine Antwort. In seiner sehr überzeugten und überzeugenden Art ist er unglaublich sexy und gibt mir ein Gefühl von Sicherheit. Felix würde nie etwas wagen, das uns in eine blöde Situation bringt. Ich finde es angenehm, bei diesem Neuanfang nicht auf die Rahmenbedingungen achten zu müssen.

Den ersten Sex haben wir in einem Hotel in Osnabrück. Als ich einem befreundeten Kollegen vorab davon erzähle, sagt er: »Mensch, das gibt's nicht. Da gehe ich auch immer hin!« Es handelt sich anscheinend um ein stadtbekanntes Vögel-Hotel, aus praktischen Gründen: zentrale Lage, günstige Preise, kostenlose Parkplätze.

In meiner Ehe hatte ich zuletzt das Gefühl, immer diejenige zu sein, die den Teller am Drehen hält. Jetzt übernimmt Felix die Führung. Er sagt freundlich, aber bestimmt: Wir gehen jetzt mal in diese Richtung und probieren jenes aus. Das ist genau sein Ding, da haben sich also die Richtigen gefunden.

Einen Moment in jener Nacht werde ich nie vergessen: Felix packt mir beim Küssen von hinten in die Haare und schließt seine Hand ganz langsam. Er fixiert meinen Kopf, sodass ich gar nicht anders kann, als weiterzumachen. Jawoll, denke ich. Genau das möchte ich bitte! Ich muss nicht das Kamasutra rauf und runter turnen. Ich möchte einfach nur guten, soliden Sex.

Das ist wie beim Sport: Ich mache lieber zehn ordentliche Wiederholungen einer Übung als 15 verschiedene, bei denen ich rumpfusche, weil mir die Puste ausgeht.

Mit Felix lande ich nicht in Stellungen, die mein Körper noch nicht kennt. Aber das, was passiert, wird von ihm gesteuert. Ich finde es wahnsinnig aufregend, mal nicht das Gefühl zu haben, mich beweisen zu müssen.

Sex mit Liebe ist ziemlich kompliziert: Du überlegst ständig, was der andere gerade über dich denkt oder ob du den Bauch einziehen solltest. Aber wenn du mit jemandem nur in die Kiste springst, kannst du ganz die Person sein, die du bist. Völlig kompromisslos! Wenn dem anderen das nicht gefällt, hängt dein Herz nicht an ihm. Dann sagst du einfach: »Es war schön mit dir. Auf Wiedersehen!« Diese Form der Unabhängigkeit pusht das Selbstbewusstsein.

Mit Felix gehe ich allerdings nicht nur ins Bett. Er ist mein Tagbegleiter. Seit wir uns kennen, sendet er mir täglich mindestens ein *Guten Morgen* und ein *Gute Nacht* aufs Handy. Mit ihm kann ich mich auch zwischendurch mal nur kurz zum Knutschen verabreden. Dann stehen wir irgendwo zwischen Feldern und Wiesen eine halbe Stunde eng umschlungen in der Sonne. Genau diese Nähe hat mir so gefehlt!

Bei ihm habe ich die Rolle der Schülerin. Doch ich treffe auch einen Mann, dem ich etwas beibringen kann: Martin schreibt mich über die Dating-Plattform an, gibt aber auf seinem Profil klar an, dass er verheiratet ist. Für mich ist das natürlich kein Ausschlusskriterium, jeder muss seine eigenen Entscheidungen fällen.

Als wir uns auf einen Kaffee treffen, weiß ich sofort: Da wird was laufen! Zum Abschied küssen wir uns leidenschaftlich, und Martin flüstert mir ins Ohr: »Ich brauche dringend ein nächstes Date!«

Wir nutzen eine Website, über die man Hotels findet, die tagsüber Zimmerkontingente zur Verfügung stellen. Denn da kann sich Martin am besten ein paar Stunden freischaufeln. Wir steigen bei einer der feinsten Adressen Osnabrücks ab, und ich komme mir total verrucht vor. Der Gedanke, dass ich Martins Geliebte bin, macht es umso prickelnder. Mit ihm erlebe ich Situationen und Emotionen, die ich bisher noch nicht kannte.

Bevor wir ins Hotel gehen, spazieren wir noch ein bisschen durch die Stadt. Wir vereinbaren: Alles kann, nichts muss. Ob wir uns gleich durchs Fernsehprogramm zappen und ne Tüte Chips futtern oder die Wände wackeln lassen, ist egal. Besonders mir, denn ich will nicht nur den Schwanz, sondern den Mann an sich. Ich will erfahren: Was ist das für einer? Worauf hat er Lust? Was hat er für Hobbys? Wie geht's ihm zu Hause? Männer faszinieren mich. Ich bin neugierig darauf, wie sie ticken und was sie vorhaben im Leben. Daher rede ich auch einfach gern mit ihnen.

So wie mit Martin. Wir liegen im Bett, essen Schokolade und lassen uns mit dem Ausziehen ganz viel Zeit. Ich habe einige Sexspielzeuge mitgebracht, von denen Martin kein einziges kennt. Auch nicht den kleinen Auflegevibrator, den ich vor seinen Augen auf meiner Klitoris platziere. Ich stöhne laut. Und mir ist es egal, ob unsere Zimmernachbarn oder jemand im Flur das hören kann. Martin genießt es sichtlich, dass ich so hemmungslos bin.

Für einen Mann ist es total faszinierend, wenn er sieht, was einer Frau Lust bereitet. Und wenn sie ihn daran teilhaben lässt. Das macht kaum eine! Ich arbeite seit zehn Jahren als Beraterin und sage immer: »Mädels, wenn ihr euern Männern ein Spielzeug schmackhaft machen wollt, dann zeigt ihnen, wie ihr es selbst benutzt. Männer sind visuell veranlagt, die wollen gucken!«

Martin gehen bei unserem ersten Sexdate auf jeden Fall die Augen über. Als wir uns danach schreiben, verrät er, dass er manchmal gar nicht weiß, ob eine Frau nun zum Höhepunkt gekommen ist oder nicht. Das Ding ist:

Wenn ich als Frau meinen Beckenboden rhythmisch anspanne, kann sich das für einen Mann wie ein Orgasmus anfühlen. Wenn er nichts anderes kennt, denkt er: Boah, ich hab's geschafft! Er fühlt sich als Sieger – obwohl er seine Partnerin nicht richtig befriedigt hat. Daher ist das Vortäuschen eines Orgasmus das Dämlichste, was eine Frau machen kann. Ich für meinen Teil kann tollen Sex auch ohne Höhepunkt haben und sage das den Männern ganz direkt.

Ich will Martin dabei helfen, den weiblichen Körper ein bisschen besser zu verstehen. »Beim nächsten Mal machen wir einen kleinen Test«, kündige ich daher an.

Als wir zwei Wochen später wieder in einem Hotelbett sitzen, drücke ich ihm eine Flasche Gleitgel in die Hand. »Du machst dir jetzt mal schön die Finger flutschig.«

Dann zücke ich ein Gerät, das aussieht wie eines dieser Fieberthermometer, die man ins Ohr stecken kann. An der Spitze hat es einen Aufsatz, der Unterdruck erzeugt. Der wird auf die Klitoris gesetzt, und dann – halleluja! Das Ding ist genial. Damit beame ich mich schlichtweg in eine andere Welt. Einmal habe ich gestoppt: Ich erreichte in zweieinhalb Minuten meinen Höhepunkt. Und Martin darf heute dabei zuschauen.

Ich befehle ihm: »Du darfst nur zwei Finger deiner rechten Hand einführen und spüren, was da gleich passiert. Alle anderen Finger hältst du still!«

Er kniet nackt zwischen meinen gespreizten Beinen, und ich sehe, dass er schon jetzt total erregt ist. Ich schalte das Gerät an und mache es mir selber. Mein Atem geht schneller, die Seufzer werden lauter. Bis sich in mir alles rhythmisch zusammenzieht. Martin kann es kaum begreifen, dass er das miterleben darf.

»Unfassbar! So eine Darbietung kriegt man nicht alle Tage ...«

»Das, mein Lieber, war absolut echt. Jetzt weißt du, wie sich das anfühlt.«

Martin grinst.

Ich bin überrascht von mir, dass ich diese Nummer so lässig mit ihm durchziehen konnte. Wahrscheinlich ging es, weil ich mir wieder einmal keine Gedanken darüber machen musste, was er über mich denkt. Und da sind wir wieder beim Punkt Emotionalität: Natürlich mögen wir beide uns. Aber wenn Martin jetzt sagen würde: »Was machst du da bloß? Das find ich doof!«, dann könnte ich ganz locker antworten: »Danke für die Einladung, ich zieh mich an.« Und tschüss!

Vor zwei Wochen lerne ich online Andreas kennen, der 15 Autominuten entfernt von mir lebt. Er hat ein tolles Profil, ist am Telefon sehr nett, und ich fahre am Samstagabend spontan zu ihm hin. Dabei stellt sich heraus: Er hat ganz schrecklichen Liebeskummer! Andreas wurde verlassen, und wir unterhalten uns den ganzen Abend über nichts anderes.

Ich merke, dass es mir unheimlich viel gibt, ihm eine neue Perspektive zu eröffnen. Ich bin sehr spirituell veranlagt, und das ist für ihn Neuland. Wir reden lange, liegen dabei nebeneinander im Bett. Sex haben wir nicht. Weil ich merke, dass er nichts geben kann, Andreas hat keine Reserve.

In seinem Profil steht zwar: *Ich liebe mein Single-Leben, suche aber ein erotisches Abenteuer.* Doch in Wirklichkeit ist er noch lange nicht so weit, das stellt er durch unser Gespräch fest.

Ich schicke ihm jetzt jeden Tag ein schönes Bildchen mit einem motivierenden Spruch.

*Warum machst du das für mich?*, fragt er in einer Nachricht.

Und ich antworte ihm das, was unsere Therapeutin auch Christian und mir mitgegeben hat:

*Du allein bist für dein Glück verantwortlich! Nicht diejenige, die dich verlassen hat. Klar war es eine Enttäuschung, aber die ist jetzt vorbei. Nimm dein Leben in die Hand, und fang was Neues an!*

Ich glaube, er braucht jemandem, der ihm gut zuredet. Morgen fahre ich noch einmal zu ihm. Wir werden wieder nicht vögeln. Ich knuddle ihn einfach richtig durch und lasse mir erzählen, was er in seinem Garten auf die Kette bekommen hat. Das war's dann auch. Ich bin so lange für ihn da, wie er mich braucht. Und falls er doch irgendwann Lust auf Sex hat, sage ich nicht Nein, denn Andreas ist ein toller, hübscher, charmanter Kerl.

»Was macht die Dating-Front?«, fragt Christian ab und zu, und dann können wir ganz locker über unsere Erlebnisse reden. Er sucht auch online und kriegt wahnsinnig viele Zuschriften. Das kann ich gut verstehen, schließlich ist er ein großartiger Mann.

Im Winter kam er mal völlig durchgefroren und bibbernd nach Hause.

»Was hast du denn gemacht?«, fragte ich besorgt.

»Ich habe mich zwei Stunden lang in der Kälte festgeknutscht!«

»Komm erst mal rein, ich mache dir einen Tee.«

Christian trifft sich ab und zu mit einer Frau, die auch in einer offenen Ehe lebt. Sie leitet ihn ein bisschen an, was Sextalk oder irgendwelche Spielchen angeht. Das tut uns beiden gut! Denn ich weiß, da ist die Lena in Cloppenburg, da fährt er nächste Woche Mittwoch hin und freut sich jetzt schon. Das ist völlig okay.

Meine Eifersucht habe ich vor Jahren abgelegt, mit dem Thema bin ich durch. Ich habe gelernt, dass dieses Gefühl nur Leid mit sich bringt. Man kann einen Menschen nicht besitzen. Natürlich sind Christian und ich verheiratet, und man sagt ja auch: »Das ist mein Mann«. Aber er gehört mir nicht. Wenn er ein Bedürfnis hat, das er – aus welchen Gründen auch immer – mit mir nicht befriedigen kann, dann wäre es doch total bescheuert von mir, zu sagen: »Aber wir sind doch verheiratet, und weil wir in diesem gesellschaftlichen Korsett stecken, darfst du das jetzt nicht ausleben!«

Als er zu seiner ersten Verabredung fuhr, horchte ich natürlich in mich hinein. Wenn ich jetzt sage, es sei mir egal gewesen, dass er Spaß mit einer anderen hatte, wäre das gelogen. Aber für mich war es dennoch ein schönes Gefühl zu wissen, dass es ihm in diesem Moment gut geht. Am nächsten Morgen kam er so lecker-zufrieden auf den Hof gefahren, dass ich erkannte: Diese Geschichte ist für ihn noch viel einschneidender als für mich. Dadurch löst sich was bei ihm!

Neulich hatten wir ein sehr interessantes Gespräch, bei dem etwas rauskam, das ich Christian nie zugetraut hätte. Ich habe einen Mann gefunden, der optisch meinem absoluten Ideal entspricht. Bisher schreiben wir uns nur Nachrichten. Ihm habe ich auch erzählt, dass Christian und ich eine offene Ehe führen. Da dieser Mann generell Lust auf einen Dreier hat, schlug er vor: »Wie wäre es, wenn ich dich vor den Augen deines Mannes ficke, und er holt sich dabei einen runter?«

Ich lachte in mich hinein und dachte nur: Na klar, warum nicht? Das ist sicher genau sein Ding …

Mehr aus Scherz berichtete ich Christian dann doch von dieser Idee. Und was erwidert mein Mann? »Lern den Typen erst mal selbst kennen – dann sehen wir weiter!«

Eine Absage hört sich anders an. Ich muss sagen: Diese Sache würde mich durchaus reizen. Allein wäre ich nie darauf gekommen!

Es klingt vielleicht paradox, aber seit wir uns mit anderen treffen, rücken Christian und ich wieder Stück für Stück näher aneinander heran. Er tobt sich aus und hat Spaß, aber er kommt anschließend nach Hause. Denn da ist sein Herz, und das lässt er mich jetzt auch wieder öfter spüren. Christian nimmt mich in den Arm, wir knutschen einfach mal so rum. Und wir haben Sex miteinander!

Die Stimmung zwischen uns hat sich entscheidend verändert. Es ist fast so, als hätten wir ein neues Beziehungslevel erreicht. Ein ziemlich aufregendes, in dem auch andere Figuren vorkommen. Und gerade die sorgen für den ein oder anderen Quickie: Als ich kürzlich von einem

Treffen mit Felix zurückkomme, schaut Christian um die Ecke und hat anscheinend Lust auf mehr.

Ich frage ihn direkt: »Findest du das toll? Macht es dich an, wenn du weißt, dass ich bei einem anderen war?« Das kann er nicht abstreiten. Er schiebt sogar nach: »Es ist doch wohl in Ordnung, wenn ich Lust auf meine eigene Frau habe!«

Das hat er vorher noch nie gesagt. Sein Interesse an mir ist wieder da – ein wundervolles Gefühl!

Jeder, dem du von deiner offenen Ehe erzählst, fragt sofort: »Hast du nicht Angst, dich zu verlieben?« Ich bin ein totaler Gefühlsmensch, und natürlich kann es sein, dass ich jemanden treffe, bei dem ich sentimental werde. Aber vielleicht gehört das dann auch einfach dazu. Bis jetzt ist es mir noch nicht passiert. Und was wäre die Alternative? Dieses Experiment war die einzige Möglichkeit, unsere Ehe weiterzuführen, ohne dass einer leidet.

Sofort nach unserer Entscheidung haben wir unseren Freundeskreis und unsere Eltern eingeweiht. Meine Mutter, die sich viel mit gewaltfreier Kommunikation beschäftigt, sagte gleich: »Ich finde es toll, dass ihr so über eure Bedürfnisse reden könnt!« Natürlich wollte sie dann auch wissen, wie genau wir das alles machen, und befand am Ende: »Ich glaube, ich könnte das nicht.« So geht es den meisten unserer Freunde. Aber sie sagen: »Wenn ihr beide damit klarkommt, ist das super. Das ist doch die Hauptsache.« Nur einer unterstellte mir einen übermäßigen Egoismus. Aber dazu muss ich sagen: Wer nicht selbst in der Situation steckt, kann nicht nachfühlen, worum es wirklich geht und wie sehr der Schuh drückt.

Menschen, die mich lange nicht gesehen haben, begrüßen mich jetzt mit einem »Du strahlst ja!« Ich schlafe bestens, habe mehr Energie und eine ganz neue Lebensqualität. Ich bin nicht nur in meiner Ehe offener, sondern in allen anderen Bereichen auch. Ich probiere neue Lebensmittel, mag plötzlich ganz andere Musik, war nach vielen Jahren endlich mal wieder tanzen. Und habe Klamotten geshoppt, weil Christian sagte, er bräuchte ein paar Hemden für die nächsten Dates. Früher steckten wir jeden Cent in Kaninchenfutter – vielleicht war auch das ein Fehler.

Es tut gut, die alten Pfade zu verlassen. Kann ja sein, dass wir uns ein halbes Jahr lang quer durch die Nation vögeln und dann sagen, das war's wieder. Vielleicht sind wir satt und gucken uns was anderes an. Vielleicht auch nur noch einander. Christian und ich wollen uns da ganz bewusst nicht einengen. Wir mögen unser neues Leben ohne Grenzen, die uns andere setzen.

*We don't want easy, we want crazy.*

# Drei sind keiner zu viel

## Paula, 60

Es ist für mich so ein Wunder, dass ich es schriftlich festhalten will. Jedes Mal, wenn ich einen Orgasmus gehabt habe, male ich ein kleines rotes »O« in meinen Kalender. Beim Durchblättern springt mir dieser leuchtende Glücksbuchstabe immer wieder entgegen. Ich kann es gar nicht glauben, Aber am Ende des Jahres habe ich so viele Orgasmen erlebt wie in den vorangegangenen fünf Jahren zusammen nicht. Und das mit fast 60! Viele Menschen sind fest davon überzeugt, dass im Alter die Lust nachlässt. Manche Frauen fühlen sich nicht mehr attraktiv oder lassen sich die Vagina mit Hyaluronsäure aufspritzen, um wieder mehr zu empfinden. Alles Quatsch, finde ich.

Ich brauche keine Spritze. Ich brauche nur Markus. Mit ihm erlebe ich den Sex meines Lebens! Und ich habe einige Vergleichsmöglichkeiten: Mit den Vätern meiner beiden erwachsenen Kinder habe ich spannende Erfahrungen gesammelt, viele Jahre später war ich unter anderem mit einem 28 Jahre jüngeren Mann zusammen, mit dem ich einige Hemmungen abbauen konnte. Aber so intensiv und gut wie jetzt war Sex für mich noch nie.

Woran das liegt? An vielen Faktoren. Der wichtigste: Markus und mich verbindet eine freie Liebe. Frei deswegen, weil sie ohne Druck und Erwartungen auskommt. Wir wollen einander nicht zum passenden Partner »erziehen«. Das fördert ungemein die Fähigkeit zur Hingabe. Alles, was wir uns anfangs wünschten, war eine erotische Freundschaft. Dass daraus Liebe wird, war eigentlich nicht geplant. Inzwischen teilen wir schon seit zwei Jahren unser Leben, das Bett – und unsere Fantasien.

Oft schicken wir uns die auch übers Handy. Das setzt das Kopfkino in Gang und macht mich manchmal mehr an als eine direkte Berührung. Ich liebe solche erotischen Appetithäppchen! Dadurch geraten ungeplante Dinge ins Rollen, so wie durch diese Nachricht von mir.

*18:41 Uhr*
*Als ich eben verschwitzt vom Laufen auf dem Weg nach Hause war, habe ich daran gedacht, wie es wäre, dich mal eben ganz kurz zu überfallen, dir im Flur die Hose herunterzuziehen und dir ohne lange zu fackeln einen intensiven schnellen Blowjob zu geben. Danach würde ich mir den Mund an deinem Hals abwischen und verschwinden. Während ich das gerade schreibe, presse ich meine Schenkel aneinander und spüre schon wieder die Lust.*

*Markus' Antwort:*
*18:47 Uhr*
*Was für eine auf- und anregende Fantasie! Du bist in*

*meine ganz private Kopf-Show eh schon oft eingebaut. Jetzt läuft ein Film mehr, während ich mich selbst vergnüge.*

*18:48 Uhr*
*Falls du dazu etwas hören möchtest …*

*18:48 Uhr*
*Ist hiermit bestellt!*

*18:49 Uhr*
*Wird sofort bearbeitet!*

Ich nehme Markus eine Audiodatei auf, während ich mich selbst befriedige, und schicke sie ihm rüber.

*19:10 Uhr*
*Wow, jetzt bin ich ein bisschen ins Schwitzen geraten … und brauche erst mal eine Zigarette ;-) Du klingst so schön! Das werde ich bestimmt noch einige Male anhören. Wenn ich mich traue, bekommst du auch noch ein Audio oder Video …*

Wir waren sehr schnell sehr offen miteinander. Und vielleicht ist das auch eines der Geheimnisse, warum es zwischen uns so gut läuft. Dadurch, dass wir uns über das Dating-Portal kennengelernt haben, lag der Fokus natürlich gleich auf der Erotik. Bevor wir überhaupt wussten, wie der andere aussieht, kannten wir schon unsere sexuellen Vorlieben. Die deckten sich bei uns: In unseren Profilen hatten Markus und ich angegeben, dass wir Massagen, leidenschaftliche Küsse und Oralsex mögen, aber auch Fesselspiele und voyeuristische Situationen.

Genau diese Sehnsüchte brachten ein Paar zusammen, das sich sonst wohl nie gefunden hätte: der Tischler und die Psychologin. Dörfler und Städterin. Eigentlich prallten da zwei Welten aufeinander – wir aber sind eher wie zwei Brandungswellen, die schäumend gegeneinanderklatschen: Wir sprudeln und perlen, das ist bis heute so. Zusammen trauen wir uns mehr und mehr. Anfangs hätte ich nicht vermutet, dass wir mal mit meiner besten Inselfreundin im Bett landen. Oder dass ein besonderer Höhepunkt, den ich mit einer anderen Frau erlebe, uns als Paar noch näher zusammenbringt. Aber dazu später mehr …

Alles beginnt mit meinem Umzug von Bremen auf die Nordseeinsel Norderney vor drei Jahren. Ich habe schon immer davon geträumt, mal so nah am Meer zu arbeiten. Als ich eine passende Stellenausschreibung entdecke, werfe ich alles in eine Waagschale. Und bekomme den Job! Mit 57 werde ich Insel-Bewohnerin und fange noch einmal völlig neu an. Auch eine Art des Anti-Demenz-Trainings.

Norderney ist toll, und ich lerne schnell Imke kennen, die zu meiner engsten Vertrauten wird. Wir radeln zusammen bei Wind und Wetter über die Insel, sammeln Muscheln am Strand und quatschen die Nächte durch. Ich fühle mich schnell zu Hause.

Aber so ganz ohne Großstadtflair wird es auf Dauer

nicht gehen, da bin ich mir sicher. Mein Plan ist, erst mal nur ein Jahr zu bleiben. Ich sehe es als Insel-Abenteuer, flirte mal mit einem Touristen, mal mit einem Insulaner. Beide bieten nicht das, was ich will. Ich suche weder einen One-Night-Stand noch die große Liebe. Denn ich will zwar mehr Intimität, als man in einer Nacht entwickeln kann, aber auch nichts Kompliziertes, schließlich soll Norderney für mich nur eine Zwischenstation sein. So stoße ich auf *Secret.de*. Und denke: Vielleicht gibt's da jemanden, der mir körperliche Nähe bieten kann? Und zwar in direkter Nähe?

Die Qual der Wahl habe ich nicht. Als ich Norderney in die Suchmaske eingebe, spuckt die Website nämlich exakt einen männlichen Treffer aus! Und der passt nach meinen Vorstellungen gar nicht – weil er 14 Jahre jünger ist als ich. Ich wünsche mir eigentlich jemand Gleichaltrigen. Aber was bleibt mir übrig? Da es keine Alternativen gibt, schicke ich ihm dennoch eine Nachricht.

Er antwortet schnell, will mir aber seine Fotos noch nicht zeigen.

*Auf unserer kleinen Insel ist es recht kniffelig, nicht zum Dorfgespräch zu werden,* schreibt der geheimnisvolle M. – mehr als den Anfangsbuchstaben seines Namens will er nicht verraten.

Außerdem macht er klar: *Suchst du eine echte Beziehung? Dann bist du leider bei mir falsch. Prickelnde Alltagsfluchten, einen Menschen, dem man sich beruhigt anvertrauen kann und der das auch von mir erwarten darf – wunderschön! Aber dabei soll es bleiben. Denn mit Beziehungen hatte ich kein Glück und möchte weder verletzten noch verletzt werden. Wenn das passt, kannst du dir (fast) alles wünschen.*

Ich mag seine Ehrlichkeit und seine Sensibilität, die schon durch diese ersten Zeilen sickern. Wir schicken uns viele Nachrichten hin und her. So erfahre ich auch, dass er eine siebenjährige Tochter in Köln hat, die er regelmäßig besucht. O Gott, durchzuckt es mich – ich könnte ja die Oma sein! In meinem Profil habe ich mich fünf Jahre jünger gemacht, um nicht gleich in die Kategorie »altes Eisen« verfrachtet zu werden. Als wir uns gegenseitig unsere Bilder freischalten, staunt Markus: *Mensch, du siehst ja viel jünger aus!*

Wenn der wüsste ...

Markus haut mich schon per Foto um. Er ist groß, schlank, hat braune Augen und Haare so dunkel wie Bitterschokolade. Später darf ich darin wühlen. Sie sind dicht und ein bisschen widerspenstig, was sich zwischen meinen Fingern gut anfühlt. Auch seine kräftigen Hände mag ich, die sind perfekt geeignet zum Streicheln – und Zupacken.

Bei unserem ersten Telefonat zerbröseln auch meine letzten Vorurteile ihm gegenüber, denn Markus hat einen sehr breiten Horizont, mag dieselben Bücher und Filme wie ich. Er, der Tischler, dem ich im Alltag wohl nie über den Weg gelaufen wäre, kann das, was ich bei vielen Akademikern vermisst habe: Markus hört zu und fragt auch nach. Im Gegensatz zu etlichen anderen Männern kreist er nicht nur um sich selbst, sondern beweist viel Empathie.

Markus und ich haben eine Mission, die lautet: Wir haben großartigen Sex, aber ohne große Gefühle. Dass dieser Plan schiefgehen könnte, deutet sich schon beim Kennenlernen an. Es ist ein eisiger Januarabend, an dem wir uns vor einem der wenigen Insellokale treffen, die im Winter geöffnet haben. Er steht da in seinem dunklen Wollmantel. Schüchtern geben wir uns die Hand und gehen rein. Er sagt im Nachhinein: »Als du damals deinen Mantel auszogst, wusste ich schon, dass es mit uns passt.« Männer sind eben Augentiere ...

Für mich passt es auch – nicht nur optisch. Unsere Getränkewahl ist unterschiedlich (ich: Tee, er: Piña Colada), aber ansonsten liegen wir voll auf einer Wellenlänge, sodass ich am Ende des Abends mit einem Lächeln in den kalten Wind hinaustrete. Wir sind beide mit dem Fahrrad da, und Markus fragt mich, wo ich wohne.

»Im Norden der Insel.«

»Ich auch! Lass uns doch noch ein bisschen die Räder zusammen schieben.«

Wir wählen den Weg am Meer entlang. Wellen tosen, Möwen krakeelen, eine Böe verwuschelt Markus' Mähne.

»Mensch, es ist doch so kalt. Hast du gar keine Mütze?«, frage ich.

»Doch, aber die ist ganz schrecklich und steht mir nicht.«

»Kannst du ruhig aufsetzen. Ich finde dich eh schon attraktiv.« Diesen Satz zu sagen ist ganz schön mutig.

Monate später gestehen wir uns, dass wir uns in

dem Moment schon ineinander verliebt haben. An jenem Abend bleibe ich mutig und frage: »Möchtest du nicht noch auf einen Wein mit raufkommen?« Markus nickt lächelnd. Natürlich bleiben wir nicht brav auf der Couch sitzen, sondern landen im Bett. Wirklich, so schnell ist mir das mit einem Mann noch nie passiert! Das wollte ich bis dahin auch nie.

Wir schlafen in dieser Nacht zwar nicht miteinander, bescheren uns aber gegenseitig einen wunderbaren Orgasmus. Markus ist total zärtlich und berührt mich genau so, wie ich es mag – ohne dass er das wissen kann. Manchmal treffen Männer mit ihren Fingern einfach nicht die richtigen Punkte, sie bewegen ihre Zunge im falschen Rhythmus, oder man denkt: »Hör nicht auf, hör nicht auf!« Und genau in dem Moment hören sie auf. Bei Markus sitzt jede Berührung. Am nächsten Morgen bin ich wie auf Droge. Ich denke: Und wenn's jetzt nur bei dem einen Mal bleibt, ist es auch egal. Das war so toll, da kann ich noch lange von zehren!

Ich schwärme meiner Tochter ein paar Tage später am Telefon so von Markus vor, dass sie sagt: »Mensch, Mama, du hörst dich ja an wie eine 17-Jährige!«

Es bleibt nicht bei einem Treffen. Markus und ich wollen uns unbedingt wiedersehen. Um uns und unsere Körper zu entdecken. Um unsere Fantasien Wirklichkeit werden zu lassen. Dabei ist es völlig egal, ob ich mich berühre, er mich, wir uns oder jeder sich selbst. Alle Varianten sind okay! Auch Fesselspiele: Dabei bindet Markus meine Handgelenke am Bett fest und spreizt meine Beine weiter als sonst. In dieser Stellung bringt er mich zum Höhepunkt, was sich in der Nacht wunderbar anfühlt. Aber am Tag darauf tun mir die Schultern und Handgelenke weh, deshalb entscheiden wir, dass er mich beim nächsten Mal früher befreien muss. Es ist ein Experiment und wir lernen daraus.

Markus entdeckt völlig neue Seiten an sich, wie er mir verrät. Eigentlich ist er zurückhaltend, wurde als jüngstes Geschwisterkind geboren. Das Nesthäkchen, der liebe Markus. Jetzt aber kann er sich trauen, mal was anderes auszuprobieren, weil ich das auch mag. Er war schon immer abenteuerlustig und neugierig, aber ich kitzle noch mehr aus ihm heraus. Und er aus mir.

Unser Sex hat viele Formen. Mal ist er hart, dann wieder ganz soft und romantisch. Wir zünden Kerzen an, streicheln und massieren uns. Wir lassen hauchzarte Seidentücher über unsere Körper gleiten, kitzeln uns mit feinen Federn. Es soll möglichst sinnlich sein! Eigentlich haben wir schon tantrischen Sex, finden wir. Denn bei der indischen Kunst der Ekstase geht es nicht um den Orgasmus an sich, sondern um die komplette Vereinigung von Körper, Seele und Geist. Wenn ich in seinen Armen komme, bin ich wie in Trance. Ich verschmelze förmlich mit Markus und der Welt.

Weil das so schön ist, möchte ich gern mehr in dieser Richtung ausprobieren. »Wie wäre es mal mit einer Tantra-Massage?«, mache ich Markus neugierig. Er ist gleich Feuer und Flamme. Wir finden eine Praxis in Bremen, die das für Paare anbietet. Beide Partner werden gleichzeitig massiert, aber in verschiedenen Räumen. Was wird da wohl genau passieren? Wir googeln ein bisschen, aber nicht zu viel, schließlich wollen wir uns nicht alle Überraschungen nehmen. Auf das, was während dieser zwei Stunden wirklich mit mir und meinem Körper passiert, hätte mich sowieso kein Text oder Video vorbereiten können.

Wir führen ein Vorgespräch, in dem wir mit den zwei Masseurinnen die wichtigsten Dinge klären. Schließlich ist das kein normales Relaxprogramm, denn nicht nur ich werde nackt sein, sondern auch Kirsten, die mich gleich verwöhnt. Eine Frau in meinem Alter mit beruhigendem Lächeln und grauem Pferdeschwanz. Ihre Stimme ist sanft, so wie die einer Yogalehrerin. Sie sagt: »Alles, was sich für dich gut anfühlt, mache ich. Alles, was du ausdrückst, nehme ich zur Kenntnis. Du kannst lachen, weinen, stöhnen. Du kannst aber auch leise sein und gar nichts sagen. Ganz, wie du magst.« Ich fühle mich sofort angenommen.

Und dann geht es los.

Wir stehen dicht voreinander auf der Matratze.

Kirsten bewegt ihre Hände an meinem Körper entlang von oben nach unten, ohne ihn wirklich zu berühren. Dann verbeugt sie sich vor mir als Zeichen der Verehrung und berührt den Bruchteil eines Moments mit den Lippen meine Füße.

Ich liege bäuchlings auf einer dicken Matratze. Die Wände des Raums sind sandgelb gestrichen, Kerzen erleuchten die Gesichter kleiner indischer Gottheiten aus Messing. Es duftet nach warmem Sandelholzöl, sphärische Klänge tröpfeln leise in meine Ohren. Ich schließe die Augen und höre auf zu denken.

Das Gehirn fährt runter, meine Sinnesorgane übernehmen die Führung. Was genau wann passiert, kann ich später gar nicht mehr rekonstruieren. Ich lasse alles geschehen und verliere jegliches Gefühl für die Zeit. Alles um mich herum ist unwichtig, ich tauche in eine ganz andere Welt ein. Eine, in der es nur ums Genießen geht.

Kirsten ist zärtlich und respektvoll. Mal gleitet sie mit geölten Händen und Armen über meinen Körper, dann benutzt sie ein Seidentuch oder einen großen Fächer mit Federn. Als ich mich auf den Rücken drehe, massiert sie auch meine Brüste. So ausgiebig und gefühlvoll hat das noch kein Mann gemacht!

Ich gebe mich einfach dieser fremden Frau und meinen Emotionen hin. Irgendwann positioniert mich Kirsten im Schneidersitz auf der Matratze. Sie selber sitzt hinter mir und hält mich fest in ihren Armen. Wie ein Baby wiegt sie mich hin und her, ein Gefühl der totalen Geborgenheit,

Das schließlich noch von einem anderen Erlebnis getoppt wird: Kirsten setzt sich mit gespreizten Beinen vor mich hin und hebt meine Schenkel über ihre. Ich darf meine Hände auf ihren Knien positionieren. Sie streichelt meine Brüste, meine Oberschenkel und schließlich meinen Schamhügel. Dann kommt der Moment, den Kirsten vorher im Gespräch schon angekündigt hat. Wenn er da sei, solle ich ganz spontan entscheiden, hat sie gesagt.

Sie fragt: »Darf ich deinen Tempel betreten?« Auf einer Buchseite mag sich diese Frage vielleicht amüsant lesen. Für mich aber ist sie in dieser Sekunde eine Verheißung.

Darum sage ich ganz selbstverständlich ja.

Kirsten streift sich hauchdünne Latexhandschuhe über – auch das hatte sie vorab erwähnt. Schließlich ist es schön für uns beide, zu wissen, dass es da doch noch eine klitzekleine Grenze zwischen uns gibt, die nicht überschritten wird. Kirsten verteilt Öl auf ihren Händen und gleitet erst mit einem Finger in meinen Körper, dann mit dem zweiten. Langsam, ganz langsam geht sie vor und berührt erfahren die Stellen, die mich leise aufstöhnen lassen.

Es sind ganz andere Griffe und Berührungen als die, die ich vom Sex her kenne. Inzwischen ist jede meiner Zellen auf Sinnlichkeit eingestellt, denn alles, was bisher passiert ist, war wie ein irre langes Vorspiel. Ich atme tiefer, mir wird heiß, und plötzlich zuckt meine Vagina heftig dreimal hintereinander. Es ist kein Orgasmus, wie ich ihn kenne. Mehr ein Körper-Seelen-Hoch! Erst lache ich, dann kullern Tränen meine heißen Wangen hinunter, weil mich dieser Moment so berührt. Was ist da gerade passiert? Ich dachte, ich kenne meinen Körper? Ich kann weder fassen noch verstehen, was vor sich gegangen ist. Ich weiß nur eins: Es geht mir unglaublich gut!

»Das habe ich noch nie erlebt«, sage ich anschließend zu Kirsten. »Was war das? Hast du meinen G-Punkt dreimal gedrückt? Was genau hast du da gemacht?« Kirsten lächelt und erwidert: »Eigentlich gar nichts. Ich habe einfach stillgehalten – und dein Körper hat darauf reagiert.« Sie verlässt den Raum, und so kann ich noch einmal nur für mich nachfühlen.

Wenige Minuten später kommt Markus herein, und wir halten uns minutenlang im Arm. Was für ein Glück, dass wir diese Erfahrung gemeinsam machen dürfen! Wir sprechen über unsere Gefühle in den letzten zwei Stunden. Er gesteht, dass er sich nicht so fallen lassen konnte wie ich. Aber da haben's Männer vielleicht schwerer als wir Frauen, weil ihre Lust sichtbar ist. Mal hat sich Markus über seine Erektion geärgert, sich dann wieder gewundert, warum er in bestimmten Momenten keine hatte. Es ist diese Ehrlichkeit, die uns noch näher zusammenrücken lässt.

Das Tantra-Erlebnis regt uns dazu an, neue Dinge auszuprobieren. Markus schenkt mir einen Fächer mit großen Federn – so wie ihn Kirsten bei der Massage benutzt hat. Damit können wir uns noch zärtlicher streicheln. Und wir machen uns an die Entdeckung meiner inneren Lustpunkte. Mit erstaunlichen Ergebnissen: Ich hätte wirklich nie gedacht, dass ich mit 60 so tolle Orgasmen haben würde!

Wir finden, dass die Zeit reif ist für das nächste Wagnis. Wie würde sich wohl ein Dreier anfühlen? Weder Markus noch ich haben das je gemacht, aber gemeinsam hätten wir große Lust darauf. Mir fällt auch eine geeignete Kandidatin ein: meine Freundin Imke. Mit ihr spreche ich über viele intime Dinge. Daher weiß ich auch, dass sie nicht nur auf Männer, sondern ebenso auf Frauen steht. Als sie Markus kennenlernte, sagte sie gleich: »Der könnte mir auch gefallen!« Bei unserem nächsten Treffen spinne ich mit ihr herum: Wie wäre das wohl, so zu dritt im Bett? Zunächst im Scherz malen wir uns das aus, beim Salatessen …

Aber von allein wird so ein Dreier sich nicht ergeben. Markus und Imke sind eher zurückhaltend, und ich werde wohl diejenige sein, die den beiden einen Stupser gibt. Ich lade sie zum Abendessen bei mir ein – verrate aber vorher keinem von den beiden, dass das selbstgemachte Tiramisu nicht das einzige Dessert bleiben soll.

Wir sind eine lustige Runde, essen und lachen viel. Aber ich merke, wenn ich nicht die Initiative ergreife, dann passiert nichts! Daher verkünde ich laut: »Ich habe jetzt keine Lust mehr, am Tisch zu sitzen. Ich will aufs Sofa. Kommt ihr mit?« Eine zweite Flasche Rotwein wird geöffnet. Wir werden alberner, fassen uns mehr an. Imke sitzt zwischen Markus und mir und irgendwann landet meine Hand auf ihrer Schulter. Unsere Gesichter sind sich ganz nah. Ich kann ihren Atem auf meinen Lippen spüren. Und dann küssen wir uns.

Es ist schon komisch: Ich mag Imke, aber wenn wir uns allein trafen, sprang nie ein Funke über. Jetzt wabert auf einmal eine große Anziehungskraft zwischen uns. Das ist wie in einem Chemielabor, es braucht bei uns wohl drei Elemente, damit es zu einer Reaktion kommt. Und die ist heftig!

Wir ziehen um ins Schlafzimmer, ziehen uns aus. Imke legt sich auf den Bauch, und Markus und ich fangen an, sie zu streicheln. Ihren Rücken, die Arme, die Beine. Zwischendurch küsse ich Markus zärtlich. Auf einmal dreht sich Imke um und fängt an, auch uns zu liebkosen. Unsere Bewegungen werden immer entspannter und intuitiver. Wir lassen uns auf die Sache ein und haben Spaß. Ich mache die Augen zu und weiß irgendwann nicht mehr: Ist das seine oder ihre Hand auf meinem Busen? Wir sind so ineinander verschlungen, dass ich den Überblick verliere.

Das Erregende sind für mich nicht unbedingt die Küsse und Berührungen von Imke – so sehr ich die auch genieße. Heißer finde ich den Umstand, dass Markus dabei ist. Mitten drin! Und ich kann mich vor seinen Augen ausprobieren. Das ist wie ein gemeinsamer Besuch auf einem Abenteuerspielplatz.

An diesem Abend schläft keiner mit dem anderen – in welcher Konstellation auch immer. Wahrscheinlich wäre das beim nächsten Treffen passiert. Doch leider zieht Imke kurz darauf für einen neuen Job nach Süddeutschland, daher gibt es für uns drei keine Fortsetzung.

Markus und ich wünschen uns trotzdem eine, dieses Mal mit einem Mann. Daher haben wir uns noch ein Paarprofil angelegt. Aber wir wollen keinen notgeilen Rammler, sondern jemanden, mit dem es auch auf der persönlichen Ebene passt.

»Es wird eine Herausforderung für mich«, hat Markus mir gestanden. Die Lust allerdings überwiegt. Er möchte spüren, wie es ist, seine Partnerin einem anderen zu überlassen und dabei zuzuschauen. So wie ich das mit ihm und Imke erlebt habe. Er weiß ja: Die gehört zu mir, die geht nicht weg, denn aus unserer erotischen Freundschaft ist längst mehr geworden. Auch, weil wir uns von Anfang an nicht nur »just for fun« getroffen haben, sondern füreinander da waren, wenn es dem anderen mal nicht so gut ging.

Markus hatte anfangs Schwierigkeiten damit, Aufmerksamkeiten einfach nur anzunehmen. Wenn er einen harten Tag hatte, sagte er Treffen auch mal ab, er wollte immer der perfekte Liebhaber sein – den ich aber gar nicht erwartete. Ich hatte dann die Idee, dass wir beide schlichtweg das geben, wozu wir gerade bereit sind, und das gegenseitig so hinnehmen. Wir nannten das unsere »Geber-Geber-Gemeinschaft«.

Irgendwann fragte ich: »Meinst du, wir können am Samstag auch mal einen Strandspaziergang machen? Oder ist das nicht drin in unserem Geber-Geber-Vertrag?« Da musste er schmunzeln, und natürlich streiften wir daraufhin Hand in Hand durch die Dünen. So haben wir uns langsam rangetastet an die normalen Sachen, die man als Paar so macht.

Ich habe ihm schließlich auch mein echtes Alter gebeichtet. Bei einer Affäre wäre mir diese Notlüge egal gewesen. Aber da alles intensiver wurde, wollte ich nicht mehr, dass sie zwischen uns steht. Markus hat nur gelacht. »Meine letzte Freundin war neun Jahre älter als ich. Da kommt es auf fünf Jahre mehr nun auch nicht mehr an.« Und ich hatte mir so einen Kopf gemacht!

Wir haben im Bett einiges zusammen ausprobiert. Aber wenn mich jemand nach dem schönsten Moment fragt, den ich mit Markus erleben durfte, fällt mir eine Nacht ein, in der wir gar nicht so experimentierfreudig waren. Die fand etwa sechs Monate nach unserem Kennenlernen statt. Draußen pfiff der Wind, Regen prasselte aufs Dach. Markus lag auf mir, und ich konnte ihn in mir spüren. Beim Orgasmus schauten wir uns in die Augen, und ich fühlte mich wie noch nie mit ihm verbunden. In diesem Augenblick sagte er das erste Mal: »Ich liebe dich!« Ich glaube, mir kam dieser Satz fast zeitgleich über die Lippen.

Mein Leben fühlt sich mit Markus endlich ganz an. Ich bin angekommen. Das habe ich in diesem Maße noch nie empfunden. Trotzdem leben wir immer noch getrennt, denn diese Distanz tut unserer Leidenschaft gut. Und es ist völlig okay, auch mal zu sagen: Du, ich habe heute gar keine Lust, dass wir uns treffen. Nicht, weil ich dich nicht mag, sondern weil ich einfach mal einen Abend für mich brauche. Es bedarf keiner Rechtfertigung. Da sind wir sehr entspannt.

Wir lassen uns Freiheiten, und genau das schweißt uns zusammen – viel mehr, als man es durch Festkrallen erreichen könnte. Denn egal, wo wir uns gerade befinden – ob nebeneinander im Bett, 500 Meter oder 5000 Kilometer voneinander entfernt –, Markus und mich verbindet ein Grundgefühl: Wir können uns aufeinander verlassen, uns kann nichts passieren. Gleichgültig, was um uns herum geschieht.

Wir sind ein Paar. Wer weiß, wie lange. Wir werden sehen! Ich erwarte nicht, dass wir zusammenziehen oder zehn Jahre lang zusammenbleiben. Ich kam nach Norderney, um ein Abenteuer zu erleben. Nun stecke ich mittendrin. Ich bin einfach nur glücklich und denke nicht darüber nach, wie es wohl enden könnte.

# Wie Chat-Sex mich meine Krankheit vergessen ließ

## Astrid, 48

Ich hatte mal einen guten Freund, mit dem ich jedes Jahr an seinem Geburtstag dasselbe Spiel spielte. Wir fragten uns gegenseitig: Was würdest du machen, wenn du nur noch drei Jahre zu leben hättest? Oder zwölf Monate? Oder eine Woche? Egal, in welcher Lebenslage wir uns gerade befanden, die Antwort stand jedes Mal fest: »Total viel Sex haben!«

Damals war das nur ein Spaß.

Doch vor drei Jahren stehe ich plötzlich wirklich vor der Frage: Wie will ich die nächsten Monate verbringen, wenn es meine letzten sein sollten? Die Diagnose lautet Krebs. Und die Ärzte haben keine Ahnung, ob sie den in den Griff kriegen werden.

Ich habe eine Operation vor mir, die mein Leben retten kann – oder auch nicht. Die Chancen stehen fifty-fifty. In diesem Moment habe ich auf alles Lust, nur nicht auf Sex. Ich will raus in die Natur, ich will gutes Essen. Und dieses gute Essen mit Menschen teilen, die ihre liebevolle, schöne Energie an mich weitergeben.

Es war mir immer sehr, sehr wichtig, meine Sexualität

zu leben und auszuleben. Ich hatte in meiner Vergangenheit viele Verehrer, war oft mit mehreren Männern gleichzeitig zusammen – natürlich sehr respektvoll. Jeder war auf seine Weise wertvoll. Ich bin 1969 geboren, in der Zeit war das ganz normal!

Ich kann also auf so viel wunderbaren Sex zurückblicken, dass ich es nicht besonders schlimm finde, mal keinen zu haben. Die Operation verläuft erfolgreich, aber ein Jahr lang bin ich immer wieder im Krankenhaus. Ich muss eine Chemotherapie über mich ergehen lassen, durch die ich ziemlich viel zunehme. Zuletzt liege ich auf der Privatstation eines Münchner Krankenhauses. Zu diesem Zeitpunkt empfinde ich mich längst nicht mehr als sexuelles Wesen. So wie ich aussehe, will mich sowieso niemand, glaube ich.

Bis dieser junge Mann aus den Vereinigten Arabischen Emiraten auftaucht. Er begleitet seinen kranken Vater nach Deutschland und wird schnell zum strahlenden Engel der Station. In seinem weißen, knöchellangen Gewand sieht er auch fast aus wie einer. Dazu der gütige Blick aus seinen leuchtenden braunen Augen, sein Lächeln, seine gute Laune – alle Frauen blühen auf, sobald Amir zur Tür reinkommt. Er spricht freundlich auf Englisch mit allen und baut viele Patienten auf. Auch mich.

Amir ist erst 35, aber eine Art Todeserfahrung hat ihn schnell reif werden lassen: Er lag mal sechs Monate im Koma. Wir führen viele tiefgründige Gespräche miteinander, sind uns schnell vertraut. Über Facebook bleiben wir auch in Kontakt, nachdem ich die Klinik verlassen darf und wieder zurück nach Hause, nach Regensburg, fahren kann. Zwei Monate später erzählt er, dass es seinem Vater besser gehe und sie bald wieder in ihre Heimat fliegen würden.

*Ich möchte dich vorher gern noch einmal sehen*, steht plötzlich auf dem Computerbildschirm.

*Besuch mich doch*, schlage ich mutig vor.

Und er willigt ein! Ich bin ganz aufgeregt und spüre das erste Mal wieder einen richtigen Fluss in mir. Da regt sich etwas, was ich lange nicht gespürt habe.

Amir will eigentlich in einem Hotel übernachten. Aber ich sage: »Es ist kein Problem, du kannst doch bei mir im Wohnzimmer schlafen.« Natürlich habe ich da schon die leise Fantasie, dass er dort nicht allein liegen wird …

Und dann ist es so weit: Ich spaziere mit diesem jungen Scheich durch Regensburg, und er ist total fasziniert, dass die Altstadt so belebt ist und nicht nur ein Museum – so wie er es aus seiner Heimat kennt. Staunend dreht er sich in meiner Wohnung um die eigene Achse. Die ist in etwa so groß wie sein Wohnzimmer in den Emiraten. Er kennt ja nur Palast-Dimensionen!

Wir sprechen viel über Leben und Tod. Über eine Tür, die sich öffnet und wieder schließt. Über Chancen, Neuanfänge. Und an unserem zweiten gemeinsamen Tag wage ich einen: Ich lehne mich an Amir, mein Kopf ruht auf seiner Schulter. Minutenlang stehen wir schweigend da. Dann gehe ich aufs Ganze. Ich blicke ihm in die Augen und küsse ihn auf den Mund. Obwohl ich die Initiative ergreife, ist er an diesem Tag derjenige, der mich wachküsst. Wir haben zärtlichen, fantastischen Sex und sind einfach nur happy. Amir liebt meinen Körper in seiner neuen Fülle. Streichelt ihn, küsste ihn, begehrt ihn. Wie gut das tut!

Danach bin ich total verknallt. Obwohl ich genau weiß, dass Amir kein Mann ist, den ich realistisch betrachtet in mein Leben lassen kann. Und ich passe genauso wenig in seine Welt. Unsere Romanze findet fernab der Realität statt.

Nachdem er abgereist ist, jammere ich einer Freundin die Ohren voll. Sie antwortet nur: »Mensch, das hält ja keiner aus. Jetzt such dir bitte jemanden in Deutschland – oder wenigstens Europa!« Sie befiehlt mir förmlich, sofort alle Fotos mit Amir auf meinem Computer zu löschen. Ich setze mich brav ans Gerät, habe aber keine Ahnung, wie ich das anstellen soll. Ich habe mir nämlich kürzlich einen neuen Rechner zugelegt und verstehe den überhaupt noch nicht. Statt die Fotos zu löschen, mache ich zig Kopien ... O nein!

Dieses Vorhaben ist also gescheitert. Aber wie kann ich mich sonst auf andere Gedanken bringen? Mir kommt die Idee, mich online nach einem möglichen Partner umzuschauen.

Und stoße so auf *Secret.de*. Das klingt nach Abenteuer – und wen spricht so etwas nicht an? Allerdings traue ich mich nicht direkt, ein Profil anzulegen. Ich schlafe eine Nacht drüber. Aber gleich am nächsten Morgen bin ich wieder auf der Seite und fange an, mit dem Schwung, den mir die Tage mit Amir geschenkt haben, mein Profil auszufüllen. Das geht ruckzuck!

Bei dem Typ Mann, den ich suche, bastle ich mir ein Ideal. Jemanden, mit dem ich nicht nur Sex haben, sondern auch philosophieren kann. Meine Traumvorstellung: Man liegt zusammen rum, hat immer wieder Sex und unterhält sich dazwischen viel. Ich bin Künstlerin, daher regen mich Literatur und Kultur mindestens genauso an wie Fingerfertigkeit. Wenn ein Mann mich heiß machen will, schickt er mir am besten ein Gedicht.

Als »Neue« kriegst du ganz viele Zuschriften. Erst bin ich sehr fleißig und gewissenhaft. Ich habe den Anspruch, alle Nachrichten zu beantworten. Da weiß ich noch nicht, dass ich bei denen, die mich nicht interessieren, mit einem Klick eine Standardantwort schicken könnte.

Was mir bei meiner Suche wichtig ist: Ich will niemanden aus meiner Stadt treffen, weil ich mich da weiterhin uneingeschränkt in meiner Freiheit und Autonomie bewegen möchte. Daher suche ich mir lieber Männer aus, die weiter weg wohnen. Sind die einmal angestachelt, sitzen sie sofort im Auto und nehmen auch stundenlange Fahrten bereitwillig in Kauf.

Viele von ihnen sprechen mich auf meinen Profiltext an. Der sei so besonders. Wie offen und poetisch ich über Lust sprechen würde, meine Worte seien ja wie ein Gedicht! Die meisten Männer geben sich deshalb selbst viel Mühe, mir richtig schöne Nachrichten zu schreiben. Auf einem ganz anderen Niveau, als man es sich bei einem Sexportal vorstellt.

Einer schreibt besonders einfühlsam, behutsam. Und er hat so einen schönen Profilnamen: »Der Tanzträumer«. Ich tanze selbst gern, und in unseren Nachrichten geht es oft um dieses Thema. Er rührt mich, obwohl er nicht mein Typ ist, wie ich feststelle, als er mir seine Galerie freischaltet. Ich finde es interessant, dass er eher dörflich und traditionell lebt, das kann ich auf den Bildern erahnen. Aber durch den Tanz erlebt er eine neue Weite und begibt sich in ganz andere Sphären.

Mit über 50 entdeckt er den ganzen Saft des Lebens – durch seine Sexualität, den Tanz und seine neue Körperlichkeit. Das finde ich toll! Er berichtet mir immer ganz begeistert, dass er gleich zum Salsa-Unterricht geht oder eine neue Tango-Partnerin hat.

Aber ich ziehe einen Schlussstrich, als er ankündigt, er habe Tickets für ein Andrea-Berg-Konzert. Das geht ja gar nicht! Er ist auch noch Fußfetischist, und ich werde die Fantasie nicht los, wie er meine Füße liebkost und ich dabei Andrea Berg hören muss. Das wäre leider wie Folter für mich!

Mit diesem Mann treffe ich mich also nicht. Mit einem anderen schon – und das, obwohl unsere Bedürfnisse auf den ersten Blick nicht dieselben sind: In dem Online-Profil kann man angeben, was genau man sucht. Da gibt es verschiedene Kategorien wie »Erotische Freundschaft«, »Tabulose Erotik« oder »Hemmungslose Leidenschaft«. Florian wünscht sich »Prickelnde Alltagsfluchten«.

Und ich schreibe ihm: *Ich will alles, nur nicht fliehen. Weil ich mir der Fragilität des Lebens so bewusst geworden bin. Ich will mitten rein und spüren. Angefasst werden. Meinen Körper und meine Lust verschenken. Ich will mich spüren im Hier und Jetzt. Herzschlag, tiefes Atmen, und mich darin verlieren.*

Ich erkläre ihm, dass es daran liegt, dass mein Leben am seidenen Faden hing. Daraufhin muss er erst mal schlucken. Ein ihm sehr nahestehender Mensch sei kürzlich unvermittelt aus dem Leben gerissen worden, verrät er. Das sei sein Grund zu sagen: Ich muss mich endlich mal wieder richtig spüren! Wir hatten beide eine Begegnung mit der Endlichkeit.

Und schwimmen auch sonst auf einer Wellenlänge: Florian ist unglaublich belesen, liebt das Kino, Musik und den Austausch von Gedanken. Wir schicken uns Gedichte hin und her. Und unsere E-Mails lesen sich wie erotische Literatur. Wir verhalten uns wie zwei verliebte Schriftsteller. So, als würde Max Frisch an Ingeborg Bachmann schreiben. Unsere Botschaften sind sehr persönlich und voller Begehren und Verlangen. Das ist eine ganz besondere Art von Sexualität. In Florian verliebe ich mich, noch bevor wir uns persönlich gegenüberstehen.

Unser erstes Date findet im Kino statt, aber vom Film bekommen wir nicht viel mit. Wir fangen schon bei der Werbung an zu fummeln und zu küssen. Und verlassen fluchtartig den Saal, als es uns beiden zu heiß wird. Wir springen in ein Taxi und fahren zu mir. Dort schlafen wir zwar nicht miteinander, aber wir streicheln, küssen, halten und riechen uns stundenlang. Zwischendurch reden wir viel. Es ist genau das, was ich mir gewünscht habe!

Wir sind beide sehr an der Geschichte und den Auswirkungen der Nazizeit interessiert. Während Florian mir die Füße massiert, sprechen wir darüber, welche Folgen es wohl für zukünftige Generationen haben wird, dass langsam die letzten Zeitzeugen aussterben. Das ist schon sehr speziell. Speziell schön. Hinterher schreibt er mir, wie wundervoll es war, was ich ihm an diesem Nachmittag geschenkt habe. Wie besonders es war, und dass mein Lachen wie das eines jungen Mädchens klingt. Seine Worte sind nicht platt, sondern poetisch. So, wie ich es mag.

Ich hatte wirklich Glück: Ich komme aus der Punk- und Independent-Richtung, bin linkspolitisch eingestellt. Ich habe online meist Männer getroffen, die eine ähnliche Vergangenheit haben wie ich. Viele Kreative, viele in leitender Position. Workaholics. Alternativ, kritisch, politisch und – auch wichtig – mit gutem Musikgeschmack. Nur selten passt es so gar nicht, zum Beispiel mit einem zuerst offenen und dann erzkonservativen Polizeibeamten.

Früher war ich überzeugt davon, dass bei jeder Vögel-Geschichte ein Orgasmus für mich rumkommen muss. So denke ich nicht mehr. Weil mir jetzt klar ist, dass es eigentlich um etwas anderes geht. Nämlich darum, dass ich eine wie auch immer geartete wohlige Körperbefriedigung habe, die meine Seele glücklich macht. Nur Kuscheln kann auch schön sein! Mit Florian habe ich keinen Orgasmus erlebt. Aber dafür vier intensive und innige Stunden. Dieses Umarmen und Streicheln bedeutet mir so viel mehr als alle Orgasmen!

Aber natürlich will ich auf die nicht ganz verzichten. Am liebsten komme ich jeden Tag zum Höhepunkt – manchmal auch mehrfach. Einige Menschen würden das wohl als Sexsucht bezeichnen, ich nicht. Und wenn, dann wäre es eine sehr schöne Sucht.

Nach der Begegnung mit Florian bin ich total erregt. Ich fließe aus vor Lust, bin ständig feucht und geschwollen. Ich suche mir schnell wieder jemanden aus. Nur zwei

Tage später schreibe ich einem Jüngling. Der ist gerade mal 27! Seine Zeilen sind von einer Leichtigkeit durchdrungen, die auf mich überspringt. Seine Sätze sind voll von Emojis und lockeren Hahahahas … Durch ihn werde ich mit dieser Sprache vertraut. Und durch ihn beginne ich auch mit Chat-Sex.

Das passiert ganz einfach, weil ich ihn am Laptop sitzend mit einer Nachricht neugierig mache:

*Ich hatte am Wochenende echt schönen, liebevollen Sex … Kaum wieder allein, will ich einfach nur dir ergeben sein … und wehre mich dabei doch …*

*Wer war da bei dir? Was hat er genau mit dir gemacht?*

*Ich hatte mein schlichtes, aber elegantes schwarzes Kleid an, bis über die Knie. Nur bei manchen Schritten konnte man sehen, dass ich Overknee-Strümpfe anhabe. Ich trug zwei Unterhöschen: ein längeres aus Spitze und ein winziges spitzigeres darunter … Wir haben uns zum Kino getroffen, nachmittags.*

*Und weiter?*

*Kinofoyer, er zahlt die Karten, aber ich darf aussuchen, wo wir sitzen. Ich will Lovechair, er schaut komisch, aber findet es lustig. Er will den Film sehen … Ich habe Getränke und Zeugs und Decke dabei, da es mir manchmal kalt im Kino wird. Er hat aber noch nicht geblickt, dass ich nur den einen Slip abstreifen muss, über die Strümpfe und Stiefel, und er dann freie Hand hat. Okay wir sitzen ja auch noch nicht …*

*Welcher Film? Wie voll war es? Wie ging's weiter?*

*Vorschau läuft noch ein wenig, dadurch ist viel Licht im Raum, ich stelle meine Stiefel auf den Vordersitz und lasse die Beine und Ansätze von den Höschen sehen. Wir sind in der hintersten Reihe, das einzig Doofe: Es sitzen einige Kinobesucher in der selben Reihe, aber ein paar Sitze weit weg … Ich dreh mich zu ihm, schau ihm in die Augen, grinse, fahre mit den Fingern über seine Lippen und küsse ihn sanft, und dann ein wenig heftiger. Sage ihm, dass ich heute einen BH anhabe, der vorn aufgeht, nur als kleiner Tipp … Ich glaube, er blickt langsam, dass der Film Nebensache und Geräuschpegel für mein Stöhnen sein wird.*

*Das klingt schon sehr geil!*

*Ich streichle seine Hände, mit meinen Nägeln fahre ich die Innenflächen lang, mit meinen Fingern umfasse ich jeden seiner Finger, als wäre es sein Schwanz …*

*Wurde er auch schön hart?*

*Es wird dunkel und laut, der Film beginnt, ich küsse ihn stärker und dränge meinen Körper an ihn … Dann rutsche ich ein wenig nach unten und schiebe seine Hand unter mein Kleid … Er entdeckt die Slips und streichelt meine Beine entlang, dann über meine Muschel und fester, ich will seine Finger pur spüren ... Er versucht irgendwie, an meine Möse zu kommen, schafft es aber nicht, ohne dass es total auffällig wäre. Ich ziehe flink den längeren Slip aus, denn in den anderen können seine Finger mühelos von unten reinschlüpfen ... Er findet den Weg zu meinen Lippen, streichelt lange, und dann steckt er mir erst einen, dann zwei Finger rein. Ich stöhne ... Mist, der eine Mann schaut rüber, aber ich tue so, als wäre nichts.*

*Hat er mitbekommen, was da abging?*

*... Ich streiche über seine Jeans und spüre seinen steifen Schwanz, er lässt mich nicht an die Hose wegen der anderen in unserer Reihe. Er stöhnt und will, dass wir schnell heimgehen und vögeln, er zahlt auch das Taxi ... Ich sag, so kann ich nicht aus dem Kino gehen, bin ja voll ferngesteuert, muss erst runterkommen ... Ich hole die Decke raus, lege sie über uns und sage: Komm, mach's mir ganz unauffällig! Küsse ihn ... Er steckt mir die Finger rein, ich reibe seinen Schwanz über der Jeans ...*

*Du bist ein ganz schön versautes Luder ... im Kino ...*

*Die anderen gucken schon ab und zu, und ich glaube, ein bisschen haben sie es geblickt, aber nicht in der Dimension ... Ihm war es deswegen ein wenig unangenehm, trotzdem wieder beide geil geworden ... Er sagt: Los, den Film können wir vergessen! Er will jetzt heim zu mir, wir machen uns vom Acker, und dann über drei Stunden sehr zärtlichen Sex, viel Streicheln und Lecken und Schwitzen …*

*Wie oft bist du gekommen?*

*Zweimal, aber einmal davon nicht ganz richtig, ich habe irgendwie sehr lange gebraucht, hatte supergeile Gefühle, und viele kleine Vororgasmen, aber bei dem einen kam nicht das große AHHHH, weil er dann immer wieder nur gefingert hat, und ich war es leid zu sagen: Oh, bitte meine Titten, oh, bitte, bitte viel fester, du darfst noch fester … Er hat meinen BH viel zu schnell aufgemacht, ich hätte es mir Öse für Öse gewünscht und dazwischen immer bisschen in den BH greifen und meine Brüste kneten und sie ein bisschen raushängen lassen, aber er war irgendwie zu brav dafür. Kann ich jetzt mit dir hier??? noch mal kommen? Bist du dafür bereit?*

*O ja, bin ich!*

Die Botschaften haben mich so erregt, dass ich beim Schreiben onaniert habe. Dann wird's einem ja sowieso egal, wie der Stil ist, weil man ein bisschen blöd und benebelt ist. Ich habe mich in Ekstase gerieben, bis der Laptop mir fast von den Knien gerutscht ist. Ich bin kurz vorm Kommen, als er schreibt:

*In einer halben Stunde kann ich bei dir sein!*

*Aber ich bin unrasiert! Ich kann schnell duschen. Aber rasieren tu ich mich nicht.*

*Kein Problem.*

*Ich will nicht vögeln. Nur fingern und lecken. Ich will genießen und nichts machen.*

Auch das ist für ihn in Ordnung. Ich hab mir vorgestellt, da kommt so'n kleiner junger Kerl. Und dann ist er 1,97 Meter groß, hat eine total tiefe Stimme und ist ein richtiger Mann! Da bin sogar ich ein bisschen schüchtern.

Ich führe ihn zu meinem Liebesnest: eine gemütliche dunkelblaue Schlafcouch, die ich für solche Anlässe ausklappe. Mein Bett verbinde ich mit Nähe und Liebe, da will ich Spiele wie diese nicht spielen.

Der junge Mann und ich entblättern uns Stück für Stück. Ich lege mich auf den Rücken, und er widmet sich hingebungsvoll meinem Körper. Zwei Stunden lang fingert und leckt er mich so grandios, dass ich drei wahnsinnig tiefe Orgasmen habe. Er hat Zauberhände und eine echt gute Technik. So durchschüttelnde Höhepunkte hatte ich noch nie! Und das mit einem Fremden, ohne einführendes Gespräch! Danach bin ich eine Woche lang vollends befriedigt.

Mit diesem Virtuosen bin ich bis heute in Kontakt, aber nur digital. Als wir uns kennenlernten, hatte ich noch kein Smartphone. Weil ich total bio-öko bin und dachte, mein altes Handy tut's ja auch. Aber durch den Jüngling bin ich so scharf auf Chat-Sex, dass ich mir doch eins anschaffe.

Kaum ist das freigeschaltet, lege ich los:

*Also, ich wäre bereit … bin halbnackt und nur ein wenig feucht …*

*Was hast du denn noch an?*

*Ich muss gestehen, nur ein Oberteil.*

*Wow … das würde ich gern sehen … deine nackten Beine … mit deiner schönen Muschi und dazu dein Oberteil, aus dem deine Titten rauswollen*

*… du bist im Raum, aber ich seh dich noch nicht … ich höre dich atmen … spiele an meiner Muschel … ich will deinen Schwanz spüren*

*ich beobachte dich und stehe still in einer Ecke verborgen …*

*Ich ziehe den Reißverschluss von meinem Oberteil auf, und meine gerade sehr großen Brüste bewegen sich im Rhythmus meiner Hand an meiner lustvollen Muschi … mein Becken bewegt sich hoch und runter, zur Seite …*

*Ich komme langsam näher*

*… ich bemerk dich aber noch nicht … meine Brüste sind prall und aufgestellt, mit einer Hand streichle ich sie … willst du meine Befriedigung rauszögern?? Komm!*

*ich lege dir eine hand auf den mund und mit der anderen greife ich nach deinen großen titten ... ich greife sie fest und knete sie dabei schön durch, während dein gedämpftes stöhnen durch meine hand dringt*

*... bist du nackt? sehe ich deinen Schwanz oder spüre ihn? ich will, dass du deine Eichel an meinem Körper reibst und deine Sehnsuchtstropfen mich benetzen und an mir kleben ... ich will deine Eichel in meinem Mund, du bist hinter meinem Kopf, ich überstrecke ihn, und dein Schwanz ist in meinem Gesicht und immer wieder in meinem Mund und in meinem Gesicht und in meinem Mund ...*

*ja, ich bin nackt ... und mein harter schwanz steht quasi vor deinem gesicht ... ich spüre, wie deine nippel hart werden, und nehm sie zwischen daumen und zeigefinger und drehe sie ... du stöhnst noch lauter ... ich hebe nur kurz meine hand von deinem mund, um meinen penis in deinen mund zu schieben ... um dich ruhig zu stellen, drück ich gleich meine hand wieder drauf, wodurch er sich tief in deinen hals schiebt ... du saugst sofort gierig an ihm ... ich bedanke mich, indem ich deine titten weiter knete und massiere ...*

*spritz ein wenig in meinen Mund*

*so wie du saugst, kommt da mehr als nur ein kleiner lusttropfen aus mir ... es verteilt sich auf deiner zunge, läuft in deinem rachen zusammen, wo du dann alles auf einmal schlucken kannst ... meine finger machen sich währenddessen auf den weg zwischen deine beine*

*ich lutsche und sauge und trinke deinen Saft ... mein Becken kommt dir entgegen ... ich will alles!*

*ich zieh deine schamlippen auseinander und lasse meine finger abwechselnd hindurchgleiten*

*... ich stöhne und bitte, bitte kühle mich mit deiner Zunge ... ich lecke weiter deinen Schwanz ... deine Finger in mir und dein Mund an meiner Perle*

*ich beuge mich über dich in 69 ... dadurch drücke ich meinen schwanz wieder ein stückchen tiefer in deine kehle ... doch du spürst jetzt meinen atem auf deiner nassen muschi*

*ohhhjaaa*

*mit meinen fingern dringe ich in dich ein ... langsam, aber sehr tief ... dann ziehe ich deine muschi auseinander, sodass sie sich weit für mich öffnet, und lege meine lippen auf deine ... schiebe meine zunge langsam in deine möse und lass sie kreisen*

*ich schreie und stöhne nein nein nein jaaaaa ... ich komme bald ... ich spüre deine Zunge, deinen Schwanz, unsere Hitze, deine feuchte Haut ...*

*ich ziehe noch weiter an deiner möse ... dehne dich noch ein stück ... sauge mich dann fest und lasse meine zunge wie meinen schwanz immer wieder in dich stoßen ... mit den fingern lege ich deinen kitzler frei und lasse meine zunge immer wieder über ihn gleiten ... und wieder und wieder ... bis ich ihn komplett in meinen mund sauge und dort mit der zunge an ihm spiele*

*... meine Hände halten sich an deinem Po fest ... ich sauge und ich knabbere an deinen Eiern in meinem Gesicht ... ich halte es nicht mehr aus, wimmere und schlage dich ein wenig*

*langsam zieh ich meinen harten und von deinem speichel tropfenden schwanz aus deinem mund und reibe ihn über deinen körper ... immer weiter nach unten zwischen deine beine ... ich lasse ihn mehrmals auf deinen kitzler klatschen ... drück ihn fest drauf und reibe ihn an dir ... dabei immer ein stück tiefer gehend ... bis meine eichel deine nassen lippen teilt und sich den weg in deine warme nasse muschi sucht ... ich schiebe ihn immer tiefer rein ...*

*... ich stöhne auf und kralle mich in deinen Rücken und an deinen Po, meine Beine umschließen dich*

*ich ficke dich und klatsche dabei immer wieder auf deine mitschwingenden titten ... mal leichter, mal stärker ... ich drück deine beine nach oben und halte sie fest ... dann fange ich an, dich immer schneller zu ficken ... mit der freien hand reibe ich dabei über deinen kitzler uhhh, ich bin gekommen und ziemlich laut ... DANKE!!*

*gern ... :)*

Puuuuuuhhhhh ... Genau darum liebe ich Chat-Sex so!

Wir treten dabei miteinander in einen imaginären Raum ein und sind auf der Stelle geil. Die Gefühle pushen sich unglaublich schnell hoch. Ich vergesse alles andere und bin diesem Menschen ganz nah. Ich kann den Mann förmlich riechen. Ich spüre, wie sein Schweiß auf meine Haut tropft. Es geht um die Bilder im Kopf, ich sehe alles vor mir, wie in einem Film.

Irgendwann aber reichen mir Worte nicht mehr. Der Jüngling und ich fangen an, uns per WhatsApp auch Fotos zu senden. Und ich spüre, wie mich das erregt: selbst Bilder zu machen und von ihm welche zu bekommen. Manchmal befehle ich ihm, was er zu schicken hat. Er ist mein Lustobjekt.

Auch Männer finden das mal schön. Sie zeigen sich gern. Ich bin eine lustbetonte, genießende, freiheitsliebende Feministin und finde, dass die Welt in einer sexistischen Art und Weise zugepflastert ist mit Frauenbildern, die uns halbnackt oder sogar komplett hüllenlos zeigen. Immer willig und ein bisschen dumm. Männer dagegen sind kaum ohne alles zu sehen. Ihr Schwanz schon gar nicht! Gleichzeitig dominiert ihre Vorstellung von Sexualität. Es ist doch grotesk, was in dieser Gesellschaft läuft!

Ich habe gelernt, dass Männer auch mal das Objekt der Begierde sein wollen. Sie freuen sich über Komplimente und hören genauso gern wie wir Frauen, dass sie so, wie sie sind, schön sind. Mein Bild von Männern hat sich positiv verändert. Ich durfte erfahren, wie verletzlich sie sind. Wie nett und zart. Wie sie einen voller Wohlwollen und Liebe anschauen können. Ich habe so viele Zuschriften bekommen und hatte oft das Gefühl: Männer können feinfühliger sein als Frauen! Sie haben ganz viele Qualitäten, die mir vorher nicht bewusst waren.

Klar bekomme ich auch mal blöde Fotos geschickt: Auf denen sitzt dann einer auf dem Klodeckel und im Hintergrund steht der Rasierschaum seiner Partnerin auf der Ablage. Das ist natürlich voll abtörnend. Das sind Bilder, bei denen ich gleich weiß: Ich will keinen näheren Kontakt.

Aber Penis-Fotos an sich müssen nicht schlecht sein. Viele können ihr bestes Stück sehr schön in Szene setzen. Es gibt wunderschöne Schwänze, und das sag ich dann auch ehrlich. Wenn sie mir nicht gefallen, kann ich nicht lügen. Dann sage ich gar nichts. Die Männer machen auch Aufnahmen und Videos nach meinen Wünschen. Und sind total geil drauf, weil sie wissen, wie sehr mich das in Fahrt bringt.

Die Fotos, die ich mit meinem Handy schieße, sind oft ganz banal, aber so schön! Ich lichte meine Brüste in verschiedener Weise ab, auch mal nur einen Nippel. Oder meine Muschi, die ich gern Venusblüte nenne. Ich lasse die Männer daran teilhaben, wenn ich Lust darauf habe, mit einer Banane zu onanieren. Oder mit Gemüse, das ich gerade dahabe. Dass ich so was fotografiere und filme, ist völlig neu.

Allerdings komme ich auch gut ohne Spielzeug aus. Ein 33-Jähriger mit Körper und Schwanz wie von Rodin gemeißelt kam mich mal zu Hause besuchen. Der war ganz verschmust und wollte auch wirklich nur kuscheln und ewig streicheln. Und hat sich dafür noch entschuldigt. Ich dachte nur: Du hast ja keine Ahnung, wie ich das gerade genieße! Er stand total auf Lecken und machte das auch super. Drei Stunden lang verwöhnte er mich. Ich habe sehr ausgiebig seinen Schwanz geleckt, und so haben wir uns beide zum Orgasmus gebracht. Ein ganz Süßer!

Ich sage zu einer meiner Freundinnen immer, sie soll sich endlich bei *Secret.de* anmelden. Du kannst da ganz konkret aussuchen, was du willst, erkläre ich ihr. Du kannst »küssen« oder »Massage« in die Kategorie »Unbedingt« eintragen und alles andere als »Tabu« abspeichern. Dann melden sich auch nur Typen, die küssen oder massieren wollen. Und keiner, der auf SM steht oder so.

Auch bei mir steht küssen unter der Rubrik »Unbedingt«. Mit einem Typen habe ich mich mal nur dafür getroffen. Er behauptete: »Ich bin der beste Küsser!« War er dann leider nicht. Grundsätzlich aber finde ich das Prinzip toll: Man formuliert ganz klar, was man will, und kann das vor einem Treffen auch noch einmal klipp und klar absprechen. Ich will das und das – aber das nicht.

Gerade im Bett wird oft viel zu wenig über Wünsche und Bedürfnisse gesprochen, aus Angst, den anderen zu kränken. Diese Website gibt einem die Chance, offen und frei zu sein. Es ist eine erwachsene Ebene, auf der man die eigene Sexualität in Worte fassen kann, und das finde ich ideal. Was ich jetzt habe, ist ein ganz großes Geschenk: Wenn ich mit meinen Freundinnen weggehe, zu einem Konzert oder in die Kneipe, dann ist der Erwartungsdruck in meinem Blick weg. Ich schaue mich natürlich schon um, ob ein interessanter Typ anwesend ist. Aber wenn nicht, ist das auch nicht schlimm. Dieses »So, wo ist er denn nun endlich?« ist völlig weg, weil ich diese ganze Erotik-Geschichte ja online sicher habe!

Ich habe eine große Vorliebe für Chat-Sex entwickelt. Seit meiner Anmeldung vor 16 Monaten hatte ich ihn schon mit über 30 Männern. Einmal passierte es, dass ich vor lauter Lust nicht mehr schreiben konnte. Daher nehme ich seitdem auch Sprachnachrichten auf. Ich stöhne und rede in mein Handy und fordere die Männer dazu auf, ihren Orgasmus aufzunehmen oder zu filmen, wie sie abspritzen.

Mit manchen Männern treibe ich's nur einmal so. Denn das Problem ist: Sie wollen mich nach so einem Erlebnis meist gern persönlich kennenlernen. Aber ich will das nicht. Ich heize mich via Handy total auf, aber dann bin ich auch durch damit. Ich muss den Mann am anderen Ende der Leitung nicht unbedingt sehen.

Chat-Sex kann ziemlich in die Tiefe gehen, gerade mit Sprachnachrichten kann es heftig werden. Aber ein Treffen? Muss für meinen Geschmack nicht sein. Chat-Sex ist Sex in ganz klarer Form. Es geht nur um den Akt an sich: Zwei Menschen treffen sich auf der erotischen Bedürfnisebene. In dem Moment ist mir absolut unwichtig, welchen Beruf der andere ausübt, was er in seinem Leben so macht und was er denkt. Nur das, was gerade zwischen uns passiert, spielt eine Rolle. Ob wir andocken, uns sprachlich anziehen und auf einen geilen Erregungslevel kommen.

Ich will Befriedigung, das interessiert mich. Alles Persönliche eigentlich nicht.

Dieses Nichts-voneinander-wissen macht mich frei. Ich habe nur ganz wenigen Männern von meiner Krankheit erzählt und kann so wieder die Leichtigkeit des Lebens spüren. Ich bin weg von den Schmerzen, weg von der Chemo, weg von mitleidigen Blicken. Die Männer finden meinen Körper sexy und wissen nicht, dass der so kurvig ist, weil ich so krank war. Ich bin losgelöst von meiner Vergangenheit. Ich lebe nur im Jetzt. Alles fließt.

Manchmal tröpfelt's allerdings nur. Nämlich dann, wenn ein Chat-Sexler zu wenig Drive hat oder zu viele Rechtschreibfehler macht. Darum habe ich auch angefangen, reinzusprechen. Spannender Nebeneffekt: Die Männer fahren total auf meine Stimme ab, die ist sehr tief und weich.

Natürlich mag ich auch echten Sex noch, der ist immer super. Aber dafür brauche ich viel Zeit. Ich will keine schnelle 45-Minuten-Nummer, das befriedigt mich nicht. Mindestens drei Stunden sollten es schon sein. So viel Zeit habe ich aber nicht immer und mein Gegenüber auch nicht. Wenn's schneller gehen soll, ist Chat-Sex erfüllender. Und so bequem! Ich schicke ein Foto, und die Kerle sprudeln über. Ich habe sie im Griff, die sind dann ganz geil auf meine Muschi. In einer bestimmten Umgebung, wo klar ist, wie's gemeint ist, kann ich auch richtig versaut mit einem Mann reden. Dirty Talk geht mir dann ganz leicht von der Zunge. Ich fühle mich dadurch nicht abgewertet, denn es ist wie ein Geheimcode. Jeder weiß, dass wir gerade nur in bestimmte Rollen schlüpfen.

So geht es mir auch mit einem Handlungsreisenden um die 60, ein echter Wichtigtuer. Der ist so spießig, dass ich mich im echten Leben auf keinen Fall mit ihm treffen würde. Aber er ist ein großartiger Chat-Sex-Liebhaber! Ich finde ihn so widerlich, dass es schon wieder geil ist. In unseren Nachrichten tun wir so, als platzte ich in sein Hotelzimmer hinein. Er fällt über mich her, er trinkt mich, und, und, und …

Das ist abgefahren, da komme ich echt gut. Auch danach onaniere ich noch ein paarmal auf diese Fantasie. Wenn ich mit diesem Typen wirklich im Hotel gewesen wäre, und wir hätten alle diese Dinge gemacht, dann hätte ich es im Nachhinein vielleicht bereut. Aber so weiß ich: Ich mache das, um mir einen Orgasmus zu holen. Einen, mit dem ich meinen Körper in die Erschöpfung treibe. Einer, bei dem er von den Zehen bis in die Fingerspitzen hinein pulsiert. Ohne dass ich berührt wurde. Das sind Hammer-Gefühle! Und sobald ich die habe, ist mein Gegenüber raus.

Ein Mann wollte mich mal nur für sich. Aber ich bin polyamor. Ich will so viele Männer haben, wie ich eben will. Ich möchte nicht treu sein, das schränkt mich zu sehr ein. Nach meinem Date mit dem, der nur Kuscheln wollte, habe ich mir gedacht: Ich brauche jetzt mal einen Fick und einen Schwanz in mir und will ewig vögeln! Das habe ich dann am Tag darauf gemacht.

Mit einem, der meinen Text toll fand. Ich schrieb ihm:

*Ich habe zwar einen Liebhaber, aber ich will mal so richtig hart rangenommen werden. So, dass es klatscht! Ich will deinen Schwanz stundenlang in mir spüren.*

Seine Antwort: *Klar, kein Problem.*

Er ist ziemlich arrogant. Auch, weil er auf seinem Profil so viele virtuelle Geschenke von seinen Affären bekommen hat. Ein Zeichen dafür, dass er super im Bett ist. Er macht mir gleich klar: Wenn du mich triffst, musst du Moral und Tabus hinter dir lassen.

Es geht alles sehr schnell, schon eine Stunde später ist er da. Er ähnelt einem Heavy-Metal-Sänger, den ich sehr erotisch finde. Ein gut aussehender Mann: schlank, sehnig, groß. Er lässt sich weder küssen noch im Gesicht streicheln. Trotzdem ist unser Date brutal geil. Er nimmt mich von hinten im Stehen und drückt mich an die Wand. Er hat zwei Orgasmen und bleibt, bis auch ich einen bekomme.

Obwohl er früher Punk war und in einer Metalband gespielt hat, ist er heute eher konservativ. Daher beschimpfe ich ihn spaßeshalber als konservatives Arschloch. Für ihn bin ich die Kommunisten-Schlampe. Ich bin halt ein politischer Mensch, er auch. Wir sind wie zwei Feinde, die miteinander ins Bett gehen. Ein spannendes Spiel!

Wir treiben es übers Handy weiter. Er fängt an, mich rumzukommandieren, ich bin erst in einer Widerstandshaltung. Aber dann erregt's mich doch so, dass ich mitmache. Er schreibt mir vor, wie ich mich fotografieren soll: »Red nicht so viel! Schick mir jetzt das und das …«

Einmal will er, dass ich mir meinen Popo einöle und mir was reinstecke.

»Das mache ich nicht.«

»Nur den Finger, komm schon.«

Den Wunsch erfülle ich ihm, und das macht mich ziemlich an. Im Prinzip ist er mein Lehrer: Bestimmte Spiele, die er mit mir treibt, mache ich dann auch mit anderen. Von ihm lerne ich, wie man jemanden so weit treibt, dass er es vor Lust kaum aushält.

Dieser Typ lobt mich nie für ein Foto, das ich ihm schicke. Er sagt immer nur Sachen wie: »Aha. Aber das Licht ist nicht gut.«

Die ganze Zeit nur Kritik! Er lässt mich immer wieder ins Leere laufen. Ich stecke mir schließlich doch was in den Po ... Ganz nach seiner Bestellung. Und das sieht auf dem Foto super aus! Eigentlich wollte ich es nicht. Aber ich bin so gierig, seine Art macht mich unendlich an.

Es wird immer so getan, als ob es die sexuelle Freiheit schon gebe. Überall wird über Sex geredet, fast genauso nonchalant wie übers Wetter. Aber es ist doch so: Wenn ich öffentlich machen würde, was ich so alles erlebe, würde mir ganz schnell der Stempel »Schlampe« aufgedrückt. Aber ich bin keine Schlampe. Ich lebe meine Lust! Mit großer Freude. Für mich ist das etwas ganz Schönes und Belebendes, wie eine Droge. *Secret.de* gibt mir die Freiheit, die ich am liebsten auch im normalen Leben hätte. Ich würde gern ganz selbstbestimmt und frei meine Sexualität leben.

Und zwar ohne, dass jemand sagt: »Mensch, die ist sexsüchtig, da müssen wir was machen!« Das passiert ja sowieso nur bei einer Frau, denn ein Mann, der es wild treibt, ist schließlich ein toller Hecht. Solange das so ist, kriegt von meinen Online-Dates keiner was mit. So kann ich meine Sexualität voll und ganz genießen, sie wird mir nicht von anderen »beschmutzt«.

Ich tauche ein in eine Parallelgesellschaft. Eine, in der ich mit Fremden über Dinge rede, die ich sonst niemandem erzählen kann. In der ich Träume auslebe, die sonst für immer in meinem Kopf bleiben würden. Ich habe noch viele davon, und sie handeln von Männern *und* Frauen.

Daher habe ich kürzlich ein zweites Profil angelegt, über das ich auch nach weiblichen Sexpartnern suche. Und zwar mit folgendem Text über mich:

*Zwei Seelen schlagen in meiner Brust, übrigens einer sehr schönen. Die Lust auf zarte Liebe und die gierige Geilheit. In meinem Leben und hier gebe ich beidem Raum. Wenn ich eine treffen sollte, die mein Herz, meine Seele und meinen Erdbeermund zutiefst berührt, dann will ich ein Stück mit ihr zusammen gehen. Wenn ich hier Menschen begegne und meine Geilheit mich gnadenlos zu ihnen zieht, dann will ich den Tag, die Stunden oder die Nacht teilen.*

*Ich bin Single und habe einen wunderbaren Geliebten, doch viel zu selten. Und ein paar fast schon vertraute Spielgefährten beim Chat-Sex, Fummeln, etc. Was will ich mehr? Immer wieder, das faustische Streben.*

*Ich will mich hingeben, geben, nehmen und genommen werden oder/und auf Augenhöhe spielen. Ich habe vieles schon gelebt, probiert und versucht. Habe nicht nur mein Herz und andere Herzen, sondern mit irritierender Ekstase und Erregung auch Tabus gebrochen. Ich bin romantisch und sehe meine Lust am Porno nicht als Widerspruch.*

Meine konkreten Vorstellungen beschreibe ich wie folgt:

*Eine fantasievolle und echte Begegnung soll es sein, kein Abarbeiten von Klischees. Wir sind wirklich dabei und offen. Ich will mehr als Porno 08/15, ich will DICH! Echt, vollkommen unvollkommen, aber mit einem »perfekten« Humor ;-) Ich will eine Frau mit Händen, Lippen und Nippeln in Erregung bringen, genussvoll massieren, über deine Haut gleiten, du spürst meine feuchte Muschi und ich deine Hitze. Immer wieder hinspüren. Wie du es willst, bespiele ich dich. Ich verwöhne dich hingebungsvoll oder ficke dich mit meinem Umschnalldildo. Ich lass dich gehorchen oder Leder spüren. Ich bin nicht festgelegt, die Liebesarten und Rollen dürfen variieren.*

Eine Künstlerin hat mich zu sich nach Berlin eingeladen, da fahre ich bald hin. Diese Frau muss ich einfach haben!

Heute, morgen übermorgen – mein Leben ist randvoll mit Verlangen. Es ist wieder da! Und das koste ich aus. Ich sprudle vor Energie und Lebensfreude und weiß nur eins: Ich will Sex haben, bis ich tot umfalle.

# Für den Swingerclub ist man nie zu alt!

## Maria, 72

Sex hält jung – das kann ich beschwören. Absolut! Ich bin keine Nymphomanin, aber eine Genießerin. Ich nehme mir die Freiheit, meine erotischen Wünsche so auszuleben, wie ich es möchte. Ich schäme mich nicht dafür, und ich verstecke mich nicht. Ich war schon auf der ganzen Welt zu Hause, kann mich artikulieren. Ich bin unabhängig und offen für Neues, auch im Bett. Da kann man doch ruhig drüber reden. Ich werd nie verstehen, warum so viele Menschen das nicht wollen.

Ich trage diese Freiheit in mir, und das tut vielleicht nicht jede Frau. Denn dafür musst du deinen Körper lieben und ihn selbstbewusst präsentieren. Ich bin 1,78 Meter groß, nicht schlank – aber ich habe eine gute Figur. Alles ist wohl proportioniert. Ich habe weder Cellulite noch Krampfadern. Meine Haut ist von oben bis unten eine glatte Fläche. Darauf bin ich sehr stolz! Männer drehen sich immer noch nach mir um.

Die meisten glauben mir mein Alter nicht, bei dem Dating-Portal wollten schon einige meinen Ausweis sehen. Denen habe ich gesagt: »Ich werde mich ja wohl kaum älter machen, als ich bin!« Meine Haare sind blond gefärbt, auf diese Weise sieht man die grauen, die nachwachsen, nicht so schnell. Ich habe online ein Foto von mir hochgeladen. Darauf trage ich ein tief dekolletiertes rotes Kleid mit weit geöffnetem Schlitz – sodass man die farblich passenden Strapse und Nylonstrümpfe sehen kann. Ich lache und ziehe gerade genüsslich an einer Zigarre. So bin ich! Alles, nur kein Hausmütterchen.

Ich lebe als Bayerin in Berlin, da ist immer was los. Außerdem bin ich oft unterwegs, da bleibt gar keine Zeit zum Älterwerden.

Vieles hab ich mir selbst beigebracht: Ich beherrsche meinen Laptop, mein Tablet, mein Smartphone – das muss mir mit 72 erst mal jemand nachmachen. Doch die Zeit bleibt nicht stehen, man muss sich weiterentwickeln. Ich bin allzeit bereit!

Seit fünf Jahren gehe ich online auf Männersuche. Wenn mir einer gefällt, mache ich ihn vor dem ersten Sex schon mal per E-Mail mit meinen Fantasien heiß. Dann erzähle ich ihm in einer Geschichte, was ich am liebsten mit ihm machen würde.

Lust auf eine Kostprobe? Dann habe ich hier genau das Richtige.

*Es beginnt an einem schönen warmen Sommertag, den ich mit dir genießen möchte. Ich bereite den Picknickkorb vor, fange an, Obst zu waschen und zu putzen, lege auch Wurst, Käse und Gebäck zurecht. Für die romantische Note kommt noch eine Flasche Sekt dazu. Jeweils eine Flasche Mineralwasser und Apfelsaft gespritzt kom-*

*plettieren den Korb. Ich bin gerade fertig geworden, als du mit fragenden Augen in der Tür stehst und sagst: »Und was hast du jetzt vor?« Ich erwidere nur: »Lass dich überraschen, mein Schatz.« Wir nehmen alles mit, und ich fahre mit dem Auto zu einem abgelegenen See, den ich vor Kurzem bei einer Radtour entdeckt habe und den du noch nicht kennst. Ich lächle dich verführerisch an und sage: »Bitte einen kleinen Augenblick Geduld, wir sind gleich da! Es ist nur noch ein kurzer Fußmarsch.« Der kurze Marsch ist dann doch weiter als angenommen, und so müssen wir eine halbe Stunde wandern, bis wir unser Ziel erreichen. Als du schon anfangen willst, deinem Unmut freien Lauf zu lassen, sind wir angekommen. Der Anblick einer wunderschönen Waldlichtung mit kleinem Strand direkt am See lässt dich verstummen. Ich drehe mich um und lächle, da ich weiß, was du eigentlich noch vor ein paar Sekunden sagen wolltest. Ich nehme dich in den Arm und küsse dich leidenschaftlich. Wir legen eine Isomatte in den Sand und darauf eine Decke. Aufgrund der großen Hitze entledigen wir uns sämtlicher Kleidung. Ich schenke uns zwei Gläser Sekt ein, die wir zwischen einem langen Kuss trinken. Nachdem wir das erste Glas sehr schnell geleert haben und danach gleich das zweite, spüren wir die Wirkung des Alkohols schon. Ich greife noch einmal in den Korb und hole ein Seidentuch hervor, mit dem ich dir die Augen verbinden will. Du wehrst dich mit den Worten: »Du weißt, dass ich das nicht will.« Aber ich lasse mich nicht von meinen Plan abbringen. Ich binde dir das Tuch um und lege dich auf die Isomatte. Aus dem Korb hole ich die Früchte und lege sie dir ein-*

*zeln auf den nackten Körper. Als ich damit fertig bin, fange ich an, dich damit zu füttern. Ich lege dir eine Erdbeere auf den Mund, und während du sie kaust, nehme ich eine zweite mit meinen Lippen auf und beginne damit über deinen Penis zu streicheln. Nachdem ich die Beere für feucht genug halte, esse ich sie genüsslich. Ich fange an, deinen Körper mit der Zunge zu erkunden, und stelle zufrieden fest, dass du immer geiler wirst. Immer wieder greife ich nach einem Stück Obst, um es über deine Haut gleiten zu lassen. Dann verzehre ich es selbst oder füttere dich damit. Ich würde mich jetzt am liebsten auf der Stelle von dir nehmen und mich in den Himmel ficken lassen. Aber ich beherrsche mich und verwöhne dich weiter nach Strich und Faden. Das Einzige, was ich mir nicht verkneifen kann: Ich rutsche an dir hoch und reibe meine mittlerweile ganz nasse Muschi an deinen Lippen. »Nicht beißen«, warne ich dich. Du erkennst sofort, was ich will, und nimmst meine Klit zwischen deine Lippen. Du leckst sie, als ob es kein Morgen gäbe. Dann verwöhnst du meine Brüste.*

*Ich lasse schließlich meine Zunge weiterwandern, bis ich bei deinem Nabel den nächsten Stop einlege und mich intensiver darum kümmere. Dann bist du wieder dran: Du leckst über meinen Venushügel, über meine äußeren Schamlippen, und du wirst durch meine Geilheit geschüttelt. Mit der Zunge holst du dir etwas vom Saft aus meiner schon überlaufenden Muschi. Ich würde so gern auch alle deine Säfte aus deinem steifen Schwanz herauslecken! Aber ich muss mal in die Büsche – und das sage ich dir auch. Da unterbrichst du dieses geile Spiel. Denn das ist der Satz, auf den du insgeheim gewartet hast. Du entgegnest in einem sehr bestimmten Ton: »Schatz, ich lass dich jetzt nicht aufstehen. Entweder, du lässt es einfach laufen, oder ich lecke dich, bis du nicht mehr kannst.« Jetzt weiß ich, was du vorhast: Du willst mit mir deinen sehnlichsten Wunsch ausleben. Du sagst: »Das Einzige, worum ich dich bitte: Lass dich endlich einmal richtig gehen – egal, was passiert.« Ich bin entsetzt, aber deine Zunge massiert schon wieder meine Klit, und ich finde es großartig. In meinem Kopf schießen die Gedanken hin und her: Das gehört sich nicht, das ist pervers ... Aber es macht mich scharf! Soll ich es wirklich geschehen lassen? Du leckst in der Zeit wie ein Besessener weiter, mal zärtlich, mal mit ein bisschen mehr Druck. Dann versuchst du, mit deinem Zeigefinger meinen G-Punkt zu stimulieren. Natürlich in dem Wissen, dass du damit noch mehr die Blase reizt.*

*Ich registriere, was du vorhast, und denke: Verdammt, was macht er da? Ich kann nicht mehr lange! Er weiß doch, dass ich das nicht will! Aber ich muss mir eingestehen: Es törnt mich extrem an. Und es ist der einzige Wunsch, den ich ihm bisher nicht erfüllen wollte ...*

*Du nimmst meine Klit zwischen die Lippen und fängst an, daran zu saugen, während dein Finger in meiner Muschi steckt und sie auch innen massiert. Jetzt nimmst du noch einen zweiten hinzu und spielst ein bisschen am mittlerweile sehr nassen Eingang herum. Auf einmal nimmst du beide Finger fort, um gleich darauf deine Zunge hineinzustecken. Ich bin am Rande des Wahnsinns und fange an zu zucken. Ich kann mein Becken nicht mehr ruhig halten. Du merkst, dass es nicht mehr lange dauern kann, und intensivierst noch einmal deine Bemühungen. Wird es passieren? Ist es dann so, wie du es dir vorgestellt hast? Du nimmst noch einmal deinen ganzen Mut zusammen, steckst mir zwei Finger in die Muschi und fängst an, mich zu fingern, während du mit deiner Zunge einen Trommelwirbel auf meine pochende Klit loslässt. Ich winde mich vor Lust, und der Saft läuft mir aus der Muschi. Du leckst ihn weg. Aber obwohl deine Zunge überall gleichzeitig zu sein scheint, kommt sie bei den Mengen nicht mehr nach. O Gott, was mach ich jetzt? Ich kann es nicht mehr lange halten! Augenblicke später passiert dann das Unausweichliche. Meine Bewegungen werden unkontrolliert, es bahnt sich ein unglaublicher Orgasmus an. Und jetzt kommt es zu einer Kettenreaktion: Ich schreie meinen Höhepunkt hinaus und verliere damit auch die Kontrolle über meine Blase. Der Natursekt schießt aus mir hinaus, während du noch immer mit meiner Klit beschäftigt bist und mich mit zwei Fingern zum Wahnsinn treibst. Als ich begreife, was passiert ist, wird dein Schwanz schmerzhaft hart, und mein Orgasmus will gar nicht abklingen. Und dann fängt dein Schwanz an zu zucken und spritzt alles auf meine noch immer nasse Muschi.*

*Meine Quelle versiegt, und du beruhigst dich langsam. Ich stehe auf, nehme dir das Tuch ab und schaue dir tief in die Augen. Mit einen leisen »Danke« fange ich an, dich zu küssen. Wir beschließen in einer stillen Übereinkunft, erst einmal schwimmen zu gehen und alles abzuwaschen. Jeder kann für sich das eben Erlebte verarbeiten.*

*Nach einer erfrischenden Runde im See kehren wir zu unserem Platz zurück. Du schaust mich fragend an, und ich gestehe: »Das war einer der intensivsten Orgasmen, die ich je hatte! Ich liebe dich, mein Schatz.« Wir küssen uns noch einmal und legen uns aneinandergekuschelt auf die Matte.*

Na, wie war's? Die Männer machen meine Storys auf jeden Fall ganz wild. Sie finden es toll, dass ich so mutig bin, meine Gedanken und Fantasien in offene Worte zu fassen. Ich habe das Gefühl, dass ich mit fortschreitendem Alter immer freier werde. Diesen Vorteil muss ich doch nutzen!

Ich lasse nichts aus – auch nicht in der Realität. Mein bisher verrücktestes Sexerlebnis fand auf einer rollenden Harley statt. Eine ganz heiße Geschichte! Ich liebe Motorradfahren und machte einmal mit einem Berliner eine einzigartige Ausfahrt. Es war Sommer, ein wunderschöner Tag, und wir brausten auf seiner weinroten Harley-Davidson raus aufs Land.

Bei einer Pause am Waldrand sagte ich: »Mich würde schon mal interessieren, wie sich Sex beim Motorradfahren anfühlt.«

Er: »Oh ... Das kann aber ganz schön vibrieren.«

Ich: »Genau das ist der Punkt!«

Wir sind dann in den Wald gefahren, an eine Stelle, wo kein anderer zu sehen war. Da haben wir uns ausgezogen. Für meine Begleitung kein Problem, er ist sehr gern nackt. Er hat sich auf den Ledersattel gesetzt und ich mich vor ihn, mit dem Rücken zum Lenker. Seine Arme glitten rechts und links an meinem Körper vorbei, der Motor heulte auf, und es vibrierte tatsächlich sehr angenehm. Wir fuhren langsam über einen menschenleeren Waldweg.

Es hat uns beide ganz schön erregt, sodass wir dann wirklich beim Fahren zur Sache kamen. Das hat sich saugut angefühlt, muss ich schon sagen!

Genau wie der Besuch der Schokoladensauna in einem Berliner Swingerclub. Da trägt einer zwei Eimer voll wunderbarer flüssiger Schokolade in die Dampfsauna, und dann schmiert jeder jeden ein. Vor lauter Dampf weißt du überhaupt nicht mehr, wer was mit wem macht. Da wirst du aber auch richtig angefasst, zimperlich ist keiner. Ein tolles Erlebnis! Mit wunderbarem Nebeneffekt: Wenn du rausgehst und dich abduschst, hast du eine Haut wie Samt und Seide.

Ich gehe gern mit Dates in den Swingerclub. Solo bist du da nämlich Freiwild, und das mag ich nicht. Außerdem will ich nicht mit völlig Fremden Sex haben. Ich selektiere sehr stark. Bevor ich mich mit jemandem treffe, muss ich zu hundert Prozent überzeugt sein, dass es sich auch lohnt. Mich interessiert nur die Qualität und nicht die Quantität. Ich habe keinen Bock drauf, jede Woche mit jemandem zu vögeln und anschließend zu sagen: Ja, was war denn das jetzt?

Mir ist es wichtig, welche Wortwahl die Männer in ihren Nachrichten treffen und wie sie sich in ihren Profilen darstellen. Wenn jemand online nur lustlos die wichtigsten Infos runterschreibt, ist das für mich uninteressant. Ich will Männer mit Fantasie. Und die sollten sie auch in die Tat umsetzen können. Mögliche Kandidaten, die wie ich in Berlin wohnen, treffe ich sowieso erst einmal zum Kaffeetrinken. Ich will sie kennenlernen, bevor ich sie zu mir nach Hause einlade. Mir schreiben viele grauslige alte

Typen, weil sie denken: Mit 72 nimmt die alles. Da liegen sie aber ganz schön falsch!

Zwischen 63 und 70 sollten meine Männer sein, schließlich müssen sie vom Horizont her zu mir passen. Aber da habe ich oft Pech – die 63-Jährigen sind noch einigermaßen fit, aber Männer, die auf die 70 zugehen, machen meist ganz schön schlapp.

Bei meinem ersten Date ist mir gleich ein Fauxpas unterlaufen. Er hieß »DonGiovanni65«. Ich war überzeugt, die 65 verweist auf sein Alter, und hab gar nicht mehr so genau aufs Profil geschaut. Ich habe nur gedacht: Das ist aber ein Gemeiner, da so ein altes Bild von sich reinzustellen. So jung sieht der doch im Leben nicht mehr aus!

Wir trafen uns in einem Hotel am Bodensee, und als er aus dem Auto stieg, dachte ich, mich trifft der Schlag.

Ich sagte nur: »Kannst du mir das bitte mal erklären? Du bist doch nicht 65!«

Er: »Äh, nein. Habe ich auch nie behauptet. Ich bin 46.«

»Aber du heißt doch ›DonGiovanni65‹!«

»Weil nur ›DonGiovanni‹ schon vergeben war. Aber im Profil steht doch beim Alter die 46!«

Recht hatte er, mein Fehler. »Okay«, hab ich gesagt. »Jetzt samma scho da, jetz is eh wurscht!« Ich wollte ihn ja weder heiraten noch eine feste Beziehung. Er ist ein echter Hüne: groß, blond, blaue Augen. Ein erfolgreicher Geschäftsmann, der ein Faible für ältere Frauen hat, hochintelligent und sehr belesen. Sexuell ist er zudem sehr standhaft und weiß genau, wie er mich verwöhnen muss. Wir hatten viel Spaß! Das hätte ich nicht erlebt, wenn ich genauer hingeguckt hätte. Denn dann hätte ich ihm abgesagt.

So aber treffen wir uns immer noch alle drei Monate in einem schicken Wellnesshotel. Wir mieten uns für drei, vier Tage ein, damit sich's auch richtig lohnt. Dieser Mann ist ein Frauenversteher und -verwöhner. Und Zigarrenraucher – auch da stimmt unser Geschmack überein.

Das mit ihm war mein erster Sex ohne Liebe. Schwer gefallen ist mir das nicht. Mein Mann Matthias war fünf Jahre zuvor gestorben, über den Gipfel des Trauerbergs war ich hinweg. Mein Körper war völlig ausgehungert, und ich wünschte mir, endlich mal wieder richtig guten Sex mit einem richtig guten Mann zu haben. Der vom Bodensee wusste, wie er mich berühren musste. Da habe ich wirklich Glück gehabt.

Mein Mann und ich sind in einem hochheiligen bayerischen Dorf groß geworden. Da wäre es nie möglich gewesen, nur Sex zu haben, ohne Beziehung. Früher hat man darüber ja auch noch nicht so offen gesprochen, um Gottes willen! Aber Matthias und ich haben beide den Sex geliebt. Mit ihm war ich schon sehr aufgeschlossen. Bei uns war nichts unmöglich – wo es uns gefallen hat, da musste es eben sein. Ganz egal, wie. Da saß ich auch mal beim Abendessen ohne Slip am Tisch.

Für mich gab's immer nur ihn. Ein Freund sagte mal: »Euch zwei werde ich nie verstehen! Immer dieselbe Frau und immer derselbe Mann. Spinnt ihr eigentlich?« Von wegen: Wir zwei haben uns immer genügt.

Matthias war der erste Mann in meinem Leben. Als wir

uns trafen, war ich 16 und er 19. Ich habe damals eine Ausbildung gemacht, und er war ein richtiger Draufgänger. Der hat nichts anbrennen lassen! Er war nicht einen Abend in der Woche zu Hause, mal ging's zum Schuhplatteln, dann zum Jodeln oder zur Probe fürs Bauerntheater. Matthias war überall dabei! Seine Mutter sagte eines Tages zu ihm: »Burscherl, du bist heit den ersten Abend von 365 Tagen im Jahr zu Hause. Des is doch verrückt!« Da kann man sich vorstellen, was der für einer war.

Zwischen uns hat es ziemlich gefunkt, aber ich war damals noch viel zu naiv. Ich hätte ihn in keinster Weise bremsen können. Das Ende vom Lied: Er musste zur Bundeswehr in eine größere Stadt, und da lief ihm dann eine über den Weg, die prompt schwanger wurde. Seine Mutter stellte ihm ein Ultimatum: »Wenn du die jetzt nicht heiratest, schmeiß ich dich raus!« Da hat er es tatsächlich gemacht. Seine Eltern besaßen eine schöne Pension, und er war das jüngste von sechs Kindern. Die standen sich alle sehr nah. Ich war natürlich unendlich enttäuscht, aber acht Tage nach der Hochzeit lag er wieder mit mir im Bett! Wir konnten einfach nicht voneinander lassen.

Ende der 1960er-Jahre bin ich dann für einen Job nach München gegangen. Dort hab ich jemanden kennengelernt, und prompt wurde auch ich schwanger. Ich wollte nicht ledig ein Kind bekommen und sagte zu ihm: »Pass auf, ich heirate dich. Aber dass du's gleich weißt: Ich bleib nicht bei dir! Ich lasse mich wieder scheiden. Das steht für mich heute schon fest.«

Deswegen haben wir nur standesamtlich geheiratet. Dieser Mann hat mein Gerede nicht für bare Münze genommen, aber es war tatsächlich so. Nach sieben Jahren habe ich ihm verkündet: »Du, das bringt mir nix mehr.« Ich hatte mich in dieser Zeit beruflich sehr weiterentwickelt, betreute schließlich die VIP-Gäste in einem Edel-Restaurant. Ich richtete meinem damaligen Mann eine Wohnung ein, schenkte ihm ein Auto und sagte: »So, das ist das Ende der Fahnenstange.«

Matthias und ich hatten uns nie aus den Augen verloren. Ich wusste, dass er inzwischen eine Alm betrieb. Also setzte ich mich in den Sessellift, fuhr rauf auf über 1000 Meter und bestellte mir ein tolles Essen. Als seine Frau ihm sagte: »Du, da draußen sitzt oane, die frisst und sauft, des gibt's goa ned! Die bestellt sich nur das Teuerste!«, da wusste er gleich, dass ich es bin.

Vier Monate später bin ich mit meinen Klamotten raufgefahren – und seine Frau runter. Und von dem Tag an war alles Friede, Freude, Eierkuchen. Wir passten so gut zueinander, weil wir beide Gasgeber waren. Ich hatte gerade ein zweites Kind von meinem ersten Mann bekommen. Aber das war Matthias völlig egal. Er sagte: »Her mit deinen Kindern, das macht überhaupt nichts.«

Somit sind meine Kinder da oben auf der Alm aufgewachsen. Die mussten morgens mit dem Lift zum Kindergarten und zur Schule im Tal fahren. Das waren schon verrückte Zeiten!

Matthias und ich haben zusammen gefressen, gesoffen, geliebt und gelebt. Wir arbeiteten mal in Kanada, mal in Kalifornien und dann 15 Jahre lang auf der griechischen Insel Kreta. Mein Mann baute dort eine Ferienanlage auf, und die Griechen liebten ihn. Er war der Alexis Zorbas von Kreta! Leider ist er dann sehr krank geworden, und wir sind nach Zell am See gegangen.

Dort hatten wir auf 1200 Metern Höhe ein kleines Bauernhaus, und ich ließ mich zur Immobilienmaklerin ausbilden, damit ich selbstständig arbeiten konnte und immer schnell zu Hause war, wenn nötig.

Matthias hat jede Erkrankung mitgenommen, die möglich war. Ich hab ihn gepflegt, und er blieb trotz allem ein starker Mann. Er hat sich in dem Haus sauwohl gefühlt und wollte dort auch sterben.

Wir haben weiter gefeiert, er gönnte sich Schweinshaxe und Rotwein und setzte sich halt dementsprechend Insulinspritzen. »Ich ess das, was mir schmeckt, bis es vorbei ist«, sagte er immer. Wir haben noch Silberhochzeit gefeiert, und vier Wochen später war er tot.

Zur Beerdigung kamen Hunderte Gäste, aber ich habe diesen Tag gar nicht richtig registriert. Ich habe alles verdrängt, wollte am liebsten gar nicht mehr nach Hause. Ich nahm zusätzlich zu meinem Job als Maklerin noch einen als Geschäftsführerin an, damit ich nicht heimgehen musste. Nach drei Monaten ging ich zum Arzt, weil ich das Gefühl hatte, irgendwas stimmt nicht mit mir. Und der sagt: »Um Gottes willen! Du lebst ja schon nicht mehr! Du hast einen Blutdruck von 300 zu 260 – wie machst du denn das? Schmeiß sofort dein Handy weg, und geh in die Klinik oder mach Urlaub!«

Ich flog mit meiner Tochter für 14 Tage nach Teneriffa, und das half immens. Danach hatte ich fünf Kilo runter, ohne dass ich was dafür getan hatte. Ich wog damals fast 100 Kilo, weil mein Mann jeden Abend mit selbstgekochtem Essen und einer Flasche Wein auf mich gewartet hatte. Meine Tochter und ich waren dann noch zusammen am Gardasee, und danach waren weitere fünf Kilo weg.

Ich habe mich unglaublich wohlgefühlt und meinen Typ auf der Stelle verändert. Mein Mann und ich waren immer leidenschaftliche Trachtenträger. Wir tauchten nicht bei einem Event auf, wir *erschienen*. Nur die schönsten Seidendirndl, Kropfketten und Gamsbärte hatten wir. Aber in dem Moment sagte ich: »Jetzt ist Schluss!« Und pfefferte alle Dirndl in die Ecke. Ich kleidete mich richtig schick ein, mit edlen Kostümen, Anzügen und Kleidern. Meine langen blonden Haare ließ ich mir schulterlang abschneiden und dunkelrot färben. Selbst Freunde haben mich auf der Straße nicht mehr erkannt. Die Leute waren hin und weg von mir!

Nach etwa einem Jahr war ich bereit für eine neue Beziehung und hätte gern mal wieder was mit einem Mann angefangen. Aber 200 Meter über mir lebte der nächste Bauer und 200 Meter rechts von mir auch einer. Und bei jedem Auto, das zu mir hinauffuhr, hieß es gleich: »Boah, jetzt hat sie einen! Jetzt ist einer da!« Das hab ich einfach nicht ausgehalten. Denn als Maklerin konnte ich mir nichts erlauben, der Ruf ist ja schnell ruiniert.

Aber der Sex hat mir trotzdem gefehlt. Und so kam ich zu *Secret.de*. Zeitgleich lockte mich ein guter Freund: »Was machst du da oben in deinem Bauernhaus? Du versauerst ja. Willst du nicht leben? Dann komm nach Berlin!«

Ich bin dann wirklich mit Sack und Pack in die Hauptstadt gezogen und hab auch schnell eine hübsche Zweizimmerwohnung gefunden. Von meinen bayerischen Möbeln habe ich mich getrennt, jetzt ist alles mediterran eingerichtet, mit viel weißem Holz. Die Treffen mit meinen Affären zelebriere ich, ich bereite die Wohnung perfekt darauf vor. Über Alexa kann ich die Musik von einem USB-Stick starten, den eine Freundin mir vollgepackt hat mit lauter Kuschelsongs von Elvis, Engelbert Humperdinck und Dean Martin. Das liebe ich! Ich zünde Kerzen an und stelle Champagner kalt, dazu gibt's Lachshäppchen.

Mein Schlafzimmer ist auch sehr gemütlich. Die Wände erstrahlen ockergelb, und das Bett ist zweimal zwei Meter groß. Darüber hängt ein ganz besonderes Poster: Es ist das Foto eines Seidenbildes, das Uschi Obermaier sich mal hat malen lassen. Es zeigt sie und eine Freundin beim so genannten »Weißen Fest« in einer Münchner Brauerei. Die Frauen sehen aus wie Engel, und darüber thront der Teufel – weil die Uschi ja damals mit dem Fritz Teufel in einer Kommune war. Das Original hing jahrelang bei uns auf Kreta, allerdings hat die Salzluft die Seide zerstört. Aber das Poster gibt's noch! Mein Enkel hat eine Kopie davon in seinem Schlafzimmer hängen. Seine Freundin liebt es auch. Es ist halt ein tolles Bild.

Jeder, der bei mir reinkommt, fühlt sich wohl. Ich denke schon, dass ich einigermaßen Stil habe. Natürlich brauche ich auch den entsprechenden Mann dafür, da kommt nicht jeder in Frage.

Online sage ich klar, was ich will: Mir ist Oralsex wichtig, den will ich unbedingt haben. Toll finde ich auch, wenn er gut küssen kann und sich ausgiebig mit meinem Busen beschäftigt, das ist eine sehr lustvolle Zone für mich. Ich liebe alles, was man mit der Zunge machen kann. Das gebe ich auch zurück, denn eine Hand wäscht die andere. Ich lasse mir auch die Augen verbinden, weil das die Intensität der Eindrücke völlig verändert. Man mag nicht glauben, wie anders sich eine Berührung anfühlt, wenn man sie ohne schauen zu können wahrnimmt! So was mache ich dann auch gern mal an einem anderen Ort.

Meine erste Swingerclub-Erfahrung habe ich in Cottbus gesammelt – auch mit einem Online-Date. Der kannte sich schon aus und konnte mir Tipps geben. Denn was zieht man da zum Beispiel an?

Ein Wäsche-Fan war ich schon immer. Für diesen Abend hatte ich mir was Schickes gekauft, in dem ich mich angezogen fühlte: ein schwarzes langes Wetlook-Kleid mit schönem Ausschnitt und langen Spitzenärmeln. Dazu High Heels und halterlose Strümpfe. Ich hatte keine Ahnung, was auf mich zukam!

Und dann erreichen wir den wohl schönsten Swingerclub überhaupt: ein Gutshaus von 1760 mitten im Wald. So was von edel! Auf dem Boden dämpfen dicke Teppiche meine Schritte, an den weinroten Wänden hängen alte Stiche und Porträts. Dicke Brokatvorhänge trennen Separees voneinander ab. Meine Begleitung verschwindet in die Sauna, während ich mich erst einmal in Ruhe umschaue. Ich streife durch Räume mit polierten Antiquitäten, sehe Paare vor einem Kamin fummeln oder auf einem schweren Samtsofa. Mir fällt auf, wie viele junge Menschen hier

Spaß haben. Viele der Gäste sind geschätzt zwischen 20 und 30 Jahre alt, der andere Teil zwischen 40 und 60. Ich gehöre zu den ältesten, aber das stört mich nicht. Schließlich ist mein Körper noch besser in Form als der von mancher 40-Jährigen!

Ich beschließe, mich umzuziehen. Ich habe noch knappe Seidenunterwäsche dabei. Und bei so viel nackter Haut um mich herum bin ich auch bereit, mehr zu zeigen.

Unten im Keller steht ein blubbernder, dampfender Whirlpool, in dem drei Pärchen sitzen. Sie sehen mich allein dastehen und rufen: »Zieh dich aus, komm zu uns rein!« Kein Problem, ich hab ja keine Scheu.

Als die Brandenburger hören, dass ich Bayerin bin, ist erst mal richtig was los! Wir trinken mehrere Flaschen Sekt und haben enormen Spaß. Dann berührt mich das erste Mal in meinem Leben eine Frau ganz zärtlich. Das habe ich vorher noch nie erlebt. Ach, denke ich, das ist ja angenehm! Das hat mir richtig gutgetan. Wir haben uns nur ein bisschen unter Wasser gestreichelt. Sehr sanft und nicht nach dem Motto: Komm jetzt her, ich will dich poppen!

Mein Date kommt aus der Sauna und sagt nur: »Na, dir geht's ja gut!« Er macht mit bei unserer kleinen Pool-Party. Irgendwann steigen wir alle raus, und zwar ganz schön angeschickert. Wir wollen es uns gemütlich machen – aber nicht auf den Massenliegen. Denn da schreien oder hauen die Menschen teilweise rum, dass es nicht mehr schön ist. Das törnt mich ab. Die Pärchen haben sich untereinander vermischt, und ich suche mir mit einem ein Baldachin-Bett. Da kann man rundherum einen Vorhang zuziehen und ist ein bisschen für sich. Ich springe über meinen Schatten und lasse mich richtig schön vernaschen. Es kommt sogar noch eine Frau dazu, und das gefällt mir auch. Es wundert mich schon, was es im Leben so alles gibt. Da muss ich so alt werden, bis ich das hier kennenlerne!

Um wirklich alles gesehen zu haben, bin ich mit einem Liebhaber auch mal in einen SM-Club gegangen. Wir haben uns dort auf eine Bank gesetzt und nur zugesehen. Die Pärchen standen vor einem Bock Schlange, auf dem die Frauen zunächst einmal ausgepeitscht wurden. Und zwar so, dass mir die Haare zu Berge standen. Ich kann Schmerzen nicht ertragen! Diese Frauen anscheinend schon. Der Club war aufgemacht wie ein Pferdestall, und einige haben sich in die mit Stroh ausgelegten Boxen verzogen. Was die da getrieben haben, hat mir schon beim Zusehen wehgetan. Da habe ich zu meiner Begleitung gesagt: »Des will ich nicht, lass uns gehen.« Ihm ging es glücklicherweise genauso. Jetzt weiß ich: Es ist nicht mein Ding. Aber immerhin habe ich ein solches Etablissement mal gesehen. Ich bin unglaublich neugierig!

Darum konnte ich auch nicht Nein sagen, als mir zwei Männer aus Berlin einen Dreier anboten. Der eine ist schon 69 und will nur noch Oralsex. Sein Freund ist 48 und sehr gut gebaut. Sie wollen immer zu zweit mit einer Frau Spaß haben. Und die beiden habe ich mir dann mal genehmigt. Das war ein hocherotisches Spiel, ein richtiger Vollgenuss.

Der Ältere hatte mein Profil gesehen und mir geschrieben: »Du gefällst mir sehr gut, deine Vorlieben sind auch meine.« Er schickte mir Fotos von sich und seinem Freund, und dann verabredeten wir uns zum Abendessen. Anschließend ging ich mit ihnen in ihre Wohnung. Sie hatten ein riesengroßes Bett, wir gönnten uns Sekt, um locker zu werden. Und dann verwöhnten die beiden mich richtig, da musste ich gar nichts machen. Das war eine Nacht, zu der ich sage: Die hat sich gelohnt!

Momentan bin ich allerdings ein bisschen ausgehungert, was Sex angeht, weil ich mir seit über einem Monat schon mit einem Mann aus Heilbronn schreibe – und sonst nichts. Nächstes Wochenende will er mich besuchen. Darauf freue ich mich richtig! Bis dahin muss ich mich wohl selbst befriedigen, da gibt's ja genug Sachen, die ich nutzen kann. Das reicht auch mal für zwischendurch.

Mit dem Heilbronner habe ich so viele Gemeinsamkeiten, dass ich glaube, da könnte mehr draus werden. Dabei ging es erst einmal holprig los, denn er hatte in seinem Profil angegeben, dass er 59 Jahre alt ist.

Daher antwortete ich ihm: *Ich freue mich sehr, dass du mich angeschrieben hast, aber 59 ist mir einfach zu jung.*

Seine Antwort: *Da habe ich ja Glück. Ich bin nämlich in Wirklichkeit 70!*

Dass er gemogelt hat, ist mir in diesem Fall egal. Männer lügen sowieso viel häufiger als Frauen. Ich nehm's mit Humor. Wenn einer schummelt, der mir wirklich gefällt, kann ich darüber lachen. Der Heilbronner zum Beispiel hat es ja auch sofort zugegeben.

Aussehen tut er wirklich wie 60, und er fühlt sich auch so. Er hat ein markantes Gesicht, ist groß und durchtrainiert. Er ist taff, kein Weichei, und seine tiefe Stimme unterstreicht das noch. Für sein Alter ist er topfit!

Wir haben uns in den vergangenen Wochen so oft geschrieben und miteinander telefoniert, dass ich mir gar nicht mehr vorstellen könnte, dass es nicht passt zwischen uns. Ich würde gern wieder eine feste Beziehung haben. Vielleicht nur nicht mehr eine, wo man unter einem Dach wohnt. Ich plane sowieso, wieder zu meinen Kindern nach Bayern zu ziehen – und da wäre Heilbronn nicht weit. Da hätte ich dann endlich wieder jemanden in meiner Nähe, der genauso gern poppt wie ich!

Aber das wird sich zeigen. Jetzt kommt er erst mal für fünf Tage nach Berlin. Ich hole ihn vom Bahnhof ab, wir trinken bei mir Kaffee, gehen essen, und dann wird sich ergeben, wie's weitergeht.

Wenn es wirklich passt, gibt es schon eine gemeinsame Fantasie, die wir umsetzen möchten. Wir jagen beide gern. Und beim ersten Ausflug in den Wald werden wir testen, wie aufregend Sex auf dem Hochstand ist. Das muss sein – bevor wir es da irgendwann nicht mehr rauf schaffen.

Ein Abenteuer mehr auf einer langen Liste! Nach dem Tod meines Mannes habe ich mich verkrochen. Jetzt lebe ich wieder, und meine Freude bleibt mit mir jung.

# 9 ½ Wochen reloaded

## Victoria, 27

Feine Sektperlen zerplatzen auf meinem Nippel. Seine warme Zunge leckt die kalte Flüssigkeit weg. Meine Augen sind zu, ausgeschaltet. Meine Sinne: an! Und so scharf, dass es mich schauert.

Ich höre, wie er die Flasche aus dem Kühler zieht, die halbgeschmolzenen Eiswürfel darin klirren. Es schäumt in der schmalen Glasflöte. Genüsslich nimmt er einen Schluck. Ein Klimpern, als er das Glas auf dem Nachttisch abstellt. Plötzlich kitzeln seine Haare an meinen Schamlippen. Sein gefüllter Mund trifft auf die Innenseite meines rechten Oberschenkels. Küssen, prickeln, küssen, prickeln. Er wandert langsam Richtung Kniekehle, und ich seufze vor Lust.

Das Gleiche wiederholt er beim linken Bein, dann teilt er meine Schamlippen mit seiner inzwischen wieder warmen Zunge. Er umspielt meinen Kitzler minutenlang, dann knistert die Folie einer Kondomverpackung. Wenige Sekunden später stößt er tief in mich hinein. Aaaaahhhh …

Mein Mund ist vom Stöhnen leicht geöffnet, als etwas Kühles und leicht Raues meine Oberlippe streift. Vor Schreck reiße ich die Augen auf. Tom lächelt und zeigt mir eine geputzte Erdbeere, die er zwischen Zeigefinger und Daumen hält. »Okay?«, fragt er.

»Okay«, antworte ich und schließe die Augen wieder.

Die Frucht liegt zwischen meinen Lippen, und mit der Zungenspitze ertaste ich die kleinen Körnchen auf der Oberfläche. So intensiv habe ich die noch nie wahrgenommen. Tom drückt mir vorsichtig die ganze Erdbeere in den Mund und zwingt mich so zum Kauen. Er sitzt dabei weiter rittlings auf mir und bewegt seine Hüften vor und zurück. Er ist tief in mir drin. Es fühlt sich so gut an, dass ich meinen Po leicht anhebe und ihm mein Becken entgegendrücke. Aber meine Bewegungen sind nicht so eingespielt wie sonst – denn schließlich muss ich gleichzeitig kauen! Essen und Sex – diese beiden Prozesse zu koordinieren ist gar nicht so einfach, merke ich. Und bin fast froh, als ich die Beere endlich so klein bekommen habe, dass ich sie auch auf dem Rücken liegend problemlos schlucken kann.

Doch sofort umkreist erneut etwas Kühles meinen Mund und gleitet hinein. Leicht glitschig und länglich. Es dauert ein bisschen, bis meine Geschmackssensoren erkennen, dass es sich um ein Stück Honigmelone handelt. Langsam werde ich geschickter. Es gelingt mir, den Kaurhythmus mit dem meiner Hüften zu synchronisieren. Ich verzehre mich schon nach dem nächsten erfrischenden Snack. Nie hätte ich gedacht, dass Sex durch süße Früchtchen noch besser werden könnte. Dieser zusätzliche Reiz meiner Sinne ist einfach der Wahnsinn!

Und so lerne ich eine Woche nach meiner Anmeldung beim Dating-Portal schon meine erste Lektion: Nämlich, wie aufregend es sein kann, wenn man die Routine hinter sich lässt und einfach mal was Neues ausprobiert.

Genau das will ich. Weg von der Gewohnheit, hin zu dem Fremden! Lässt man sich nur auf Sex ein, wenn man in einer Beziehung ist, macht das meist ein bisschen befangen. Man möchte den anderen nicht bedrängen und muss überlegen: Wie spreche ich ihn am besten auf meine Wünsche an? Ich will mich aber mal nur auf das Körperliche konzentrieren – ohne Angst, dass ich jemanden vor den Kopf stoße. Und ich wünsche mir, auch mal nicht mit Samthandschuhen angefasst zu werden. Die Männer sollen nicht zaghaft fragen, sondern einfach machen!

Ich war sechs Jahre lang in einer Beziehung und fühlte mich während dieser Zeit nie wirklich von Werbung für Online-Dating angesprochen.

Doch dann ist plötzlich alles aus, und ich sehe wieder eine Anzeige. Die wirkt auf einmal ziemlich verlockend. An einem Freitagabend mache ich es mir gemütlich, ich koche was Leckeres, öffne eine Flasche Rotwein und trinke mir ein bisschen Mut an. Ich melde mich an und sehe gleich, dass das was ganz anderes ist als die normalen Dating-Seiten, wo einem viele notgeile Typen oft nur vorgaukeln, dass es um eine Beziehung und große Gefühle geht. Hier suchen die Menschen Sex in allen Varianten – zwanglos, ohne Verpflichtungen. Mein Plan: Ich will einfach mal gucken, was geschieht. Ich muss mich ja mit niemandem treffen.

In mein Profil schreibe ich, dass ich bereit bin, viele Sachen auszuprobieren – und ausprobieren zu lassen. Dazu lade ich ein Foto hoch, das mich auf meinem Pferd zeigt, einem toffeefarbenen Isländer mit goldener Mähne. Es ist Sommer, ich trage ein Karohemd und einen Cowboyhut, im Hintergrund die Ausläufer des Teutoburger Walds. Statt Make-up zieren mein Gesicht nur Sommersprossen.

Einen Tag später schreibt mich ein Typ an, der sich als Tom vorstellt. Und zwar nicht mit einem Standardtext, den er an alle raushaut, sondern sehr persönlich. Ihm gefalle meine Naturverbundenheit.

*Du wirkst sehr bodenständig und bist nicht so eine typische Plastik-Barbie.*

Ich schaue mir sein Profil an. Komisch, dass er so was sagt. Tom ist sieben Jahre älter als ich und sieht aus, als sei er gerade vom Surfbrett gestiegen: braungebrannt, blonde Wuschelhaare und Augen, die so hellblau sind wie Gletschereis. Groß, sportlich – also bei einem wie ihm hätte ich sofort gedacht, dass er auf Püppchen steht. Anscheinend liege ich falsch. Er schreibt:

*Ich würde dich gern sehen. Wenn's nicht passt, muss ja auch nichts zwischen uns passieren …*

Wir telefonieren, damit ich abchecken kann, dass ich keinem Fake aufsitze. Tom hat eine sehr tiefe und angenehme Stimme. Er gefällt mir, obwohl ich kaum etwas von ihm weiß.

Unser erstes Treffen findet an einem kalten und schmuddeligen Samstag im Winter statt. Wir haben uns in einem Hotel verabredet, denn rechts und links von mir wohnen neugierige Omas, die es nun wirklich nichts angeht, mit wem ich mich treffe. Da ist mir ein Hotelzimmer eindeutig lieber.

Die Aufregung kriecht eine Stunde bevor's losgeht

durch meinen Körper. Das ist bei mir immer so, auch bei Uni-Prüfungen. Ich bin Tage vorher immer supercool, weiß genau, was ich anziehen und sagen will. Aber dann kommt doch das Herzklopfen …

Eine halbe Stunde dauert die Autofahrt zu dem Hotel in Bielefeld, das wir uns ausgesucht haben. Und ich hoffe inständig, dass ich nicht vor Nervosität einen Unfall baue! Hoffentlich finde ich direkt einen Parkplatz. Hoffentlich steigen wir nicht zufällig nebeneinander aus, erkennen uns nicht und merken erst in der Lobby, dass wir eigentlich zusammengehören. Mein Gehirn geht sämtliche Schritte durch, die schieflaufen können. Aber nichts davon trifft ein!

So stehe ich pünktlich solo vor der Rezeption und blicke mich suchend um. Meine Beine schlottern, schließlich bin ich für das Wetter nicht passend angezogen: Unter meinem Mantel trage ich ein Kleines Schwarzes, halterlose Strümpfe und schicke Pumps. Und ich sehe keinen Typ, der Tom sein könnte. Aber ich soll ihn ja auch anrufen, wenn ich da bin, hat er gesagt. Ich wähle seine Nummer. »Eine Minute, bin gleich bei dir«, sagt er. Und wirklich, kurz darauf kommt er auf mich zu. Aber aus dem Aufzug. Wow, ist der sexy! Er trägt eine gut sitzende blaue Jeans, derbe Boots und eine schwarze Lederjacke. In der Hand hält er eine Zimmerkarte. Warum war er denn schon oben?

»Du bist es, oder?«, fragt er.

»Ja«, antworte ich. »Aber …« Bevor ich den Satz beenden kann mit »warum hast du schon die Zimmerkarte?«, legt er seinen Zeigefinger auf die Lippen und schnappt meine Hand. Er zieht mich in den Aufzug, drückt den Knopf, und die Türen schließen sich. Wir fahren drei Stockwerke hoch, doch es kommt mir vor wie zehn, weil Tom mich die ganze Zeit mustert, ruhig und mit freundlichem Blick. Mein Herz klopft so laut, dass man es im ganzen Hotel hören kann, da bin ich mir sicher.

Wir steigen aus, und er geht vor. Mit der Karte schließt er eine der Türen auf. »Da sind wir. Geh doch bitte rein.« Ich zögere. Der Gedanke, vor einem Fremden ein Zimmer betreten, aus dem ich dann vielleicht nicht sofort wieder rauskomme, flößt mir Angst ein. Als er sieht, dass ich fragend die Augenbrauen hochziehe, stößt er die Tür ein wenig weiter auf, sodass ich hineinblicken kann.

Bisher habe ich an diesem Regentag nur viel Grau gesehen. Es ist gerade mal 16 Uhr und schon fast dunkel. Doch aus dem Zimmer fließt mir warmes Licht entgegen. Ich sehe überall Teelichter flackern. Ich blicke Tom an, doch er zuckt nur lächelnd mit den Achseln. Okay, das hier ist also kein Hinterhalt, sondern eine Überraschung.

Und ich habe das Gefühl, in eine warme Liebeshöhle einzutreten. Tom hat das komplette Zimmer mit brennenden Teelichtern dekoriert. Dabei muss ein Hunderterpack draufgegangen sein! Auf den Nachttischen, dem Schreibtisch, der Fensterbank – überall flackert es. Dadurch ist es hier drin auch ein paar Grad wärmer als im Flur. Das ist mindestens so gemütlich wie ein Kaminfeuer!

Es steht auch eine Flasche Sekt im Kühler bereit und daneben ein großer Teller mit frischem Obst: Äpfel, Honigmelone, Weintrauben, Erdbeeren – alles in mundgerechte Stücke geschnibbelt. Noch ein Rosenstrauß, und man könnte meinen, er möchte mir einen Antrag machen!

Jetzt nimmt er mir meinen Mantel ab und zieht danach seine Jacke aus. Unter seinem weißen Langarmshirt zeichnen sich ganz schöne Muckis ab. Tom öffnet die Sektflasche, wir stoßen an und setzen uns aufs Bett. Ich merke, dass ich gar nicht lange reden will. Ich bin so überwältigt von allem und will die Stimmung nicht kaputt machen mit einer lapidaren Frage à la »Und, wie war dein Tag so?«. Schließlich ist klar, warum wir hier sind.

Aber kann ich es auch durchziehen? Mit einem Mann, von dem ich kaum etwas weiß? Weder, ob er eine Freundin hat. Oder Kinder. Noch, was er in seiner Freizeit macht. Auf welche Musik steht er? Gibt es Allergien, über die ich für den Notfall informiert sein sollte? Keine Ahnung!

Statt im Gedankenkarussell noch weitere 99 Runden zu drehen, ergreife ich die Initiative und ziehe ihn zu mir heran. Wir küssen uns, und es wird gleich so leidenschaftlich, dass nach einer Minute die ersten Kleidungsstücke fallen. Wie genau das passiert? Wieder einmal: keine Ahnung! Es scheint so, als habe er ganz viele Hände. Tom ist supersexy, dadurch fällt es mir leicht, mit ihm von null auf hundert durchzustarten. Weil ich es toll finde, mal mit jemandem im Bett zu liegen, der wie ein Model aussieht. So einen als Freund zu haben wäre mir zu stressig, schließlich wird einer wie er bestimmt an jeder Ecke angesprochen. Und für so was bin ich viel zu eifersüchtig.

Das Kleid hat er mir vom Körper gestreift. Ich trage nur noch meinen beigefarbenen BH mit schwarzem Spitzenbesatz, das dazu passende Höschen und die schwarzen Nylonstrümpfe, ebenfalls mit breitem Rand aus zarter Spitze. Auf die fährt Tom besonders ab. »So was hat bisher noch keine Frau für mich angezogen«, raunt er.

Tom presst mich mit dem Rücken aufs Bett und zieht mir den Slip aus – alles andere bleibt an. Auch dann geht wieder alles ganz schnell: Er streift sich ein Kondom über. Wir haben vorher darüber gesprochen, dass das Pflicht ist.

Wir brauchen kein Gleitgel, ich bin durch unser Blitz-Vorspiel schon feuchter denn je. Tom ist echt gut bestückt. Gar nicht einfach, als Frau mit solch einem großen Teil klarzukommen. Er führt es in der Missionarsstellung langsam ein und hält mich dabei an den Schultern fest.

Und dann kommen die Früchte ins Spiel. Dieser Mann ist also nicht nur für eine Überraschung gut ... »Mach noch mal den Mund auf«, sagt er schließlich, als ich schon zig Obststücke intus habe. Vorsichtig legt er eine Erdbeere auf meine Zunge, schiebt dann mit seinem Daumen mein Kinn hoch. Den Rest der Hand legt er mir sanft auf den Mund. Aber so, dass ich noch kauen kann und nicht das Gefühl habe, zu ersticken. Ich mache mit und dulde diese Form der Unterwerfung. Meine Aufgabe: essen und genießen. Er wiederum kostet den Anblick aus und vögelt mich dabei weiter.

Meine Augen sind geschlossen, ich liege in diesem superweichen Bett, und sein Stöhnen erfüllt den Raum. Es ist soft, aber trotzdem männlich. Er kommt schließlich lautstark – ich nicht.

Mich muss man für einen Höhepunkt klitoral stimulieren, aber das habe ich ihm vorher nicht gesagt. Ich wollte nicht gleich Forderungen stellen, sondern den Dingen einfach ihren Lauf lassen. Wir haben ja Zeit, das Hotelzimmer ist bis morgen bezahlt.

Wir gehen duschen, und dabei erfahre ich, dass er keine Freundin hat – aber bis vor Kurzem eine Beziehung, die nach zwölf Jahren in die Brüche ging. Und in deren Verlauf sich die Erotik verabschiedete. Er hat eine ältere Schwester, und seine Lieblingstiere sind Meerkatzen. Das reicht fürs Erste als Grundwissen.

Als wir aus der Dusche steigen, guckt er mich ernst an. »Sag mal ehrlich, bist du gekommen?«

»Nee«, gebe ich zu. »Aber das ist beim ersten Mal mit einem Mann auch schwierig. Da bin ich ein bisschen besonders.«

Darum habe ich vorgesorgt: Ich zeige ihm mein lindgrünes Vibro-Ei aus Silikon, das ist ein bisschen kleiner als ein Hühnerei, hat aber dieselbe Form. »Und wie funktioniert das?«, fragt er ratlos.

Ich erkläre es ihm bereitwillig. Das Ei hat eine Fernbedienung, damit kann ich die Intensität der Vibration bestimmen. Und durch die fällt es mir leichter, zu kommen. Es gibt verschiedene Stufen: von ganz leicht über bestimmte Rhythmen bis hin zu extraschnell. Ich stimuliere meine Klitoris, indem ich das Ei mit einer Hand daranhalte. Man kann's auch zwischen die Beine klemmen, aber so die perfekte Position zu halten ist schwierig. Ich schlage Tom vor, dass er bei der nächsten Runde das Ei in die Hand nimmt und an die richtige Stelle hält, damit auch ich zum Höhepunkt komme. Er willigt ein.

Klitschnass steigen wir wieder ins Bett, und ich lasse mich auf den Rücken fallen. Ich mache Tom das mit dem

Ei vor, damit er weiß, wie ich es am liebsten habe. Dabei streichelt er meine Brüste, meine Arme, meine Schenkel. Das ist besonders sexy, weil unsere Haut noch so glitschig ist. Tom erregt unsere Spielerei so sehr, dass er mich auf den Bauch dreht und mich Doggystyle vaginal nimmt. Er ist sehr bestimmt dabei, aber nicht grob. Ich mag es, dass er einen Plan hat.

Diese Stellung ist sehr intensiv, besonders bei seiner Penisgröße. Ich lasse das Ei weiter brummen – und das ist eine unglaubliche Kombi! Nur die Früchte fehlen.

Dieses Mal kommen wir gemeinsam und sind danach ganz schön platt. Wir duschen wieder und beschließen, uns erst einmal zu stärken. Wir gönnen uns ein Drei-Gänge-Menü bei einem Italiener in der Nähe: Minestrone, Spaghetti Carbonara und Tiramisu.

Dabei gibt es keine Küsse, kein verliebtes Händchenhalten. Obwohl wir uns sympathisch sind, bleibt eine Distanz. Ich weiß nicht so recht, inwieweit ich ihm private Fragen stellen darf. Wir sprechen über mein Studium und seinen Job. Und finden dabei heraus, dass er fünf Jahre lang in einem Team mit meinem Exfreund gearbeitet hat! Manchmal ist es besser, nicht so viel zu wissen, sondern einfach nur Spaß zu haben …

Zurück im Hotel, wollen wir uns eigentlich nur ein bisschen streicheln, fallen dann aber doch wieder übereinander her. Ich mache es mir mit angewinkelten Beinen auf dem Rücken gemütlich, und Tom kniet sich vor mich. Er fingert und vögelt mich zeitgleich, weil er ja inzwischen weiß, dass ich mir ein bisschen Extra-Stimulation wünsche. Er macht es genau richtig: nicht zu hart und nicht zu zaghaft. Und er lässt seinen Finger kreisen, mal linksrum, mal rechtsrum, das ist echt gut.

Mit der freien Hand füttert er mich wieder. Eine Weintraube landet in meinem Mund, eine Erdbeere, dann wieder Melone …

Als wir gemeinsam kommen, habe ich dabei den Mund so voll, dass ich gar nicht wie gewohnt laut aufschreien kann. Aber gerade weil ich meinen Orgasmus akustisch nicht ausleben kann, erlebe ich ihn umso intensiver, denn ich konzentriere mich vielmehr aufs Fühlen.

Neben Tom einzuschlafen ist ungewohnt, aber nicht unangenehm, weil wir uns trotz der Kürze der Zeit schon sehr vertraut sind. Mitten in der Nacht wache ich mal auf und denke: Wo bin ich? Ach ja. Und was lief hier noch mal? Stimmt ja. Dann kuschle ich mich wieder an ihn und schlafe weiter.

Am nächsten Morgen habe ich einen neuen Wecker – der hockt zwischen meinen Beinen und leckt ganz zärtlich. Tom hat nicht so gut geschlafen wie ich. Er ist schon früh aufgewacht und gleich wieder im Spaß-Modus. Es gibt definitiv Schlimmeres, als auf diese Weise geweckt zu werden. Und er macht seine Sache auch wieder wirklich gut. Leider sind die Früchte alle!

Um auch Tom einen guten Start in den Tag zu verschaffen, blase ich ihm einen. Ich muss gar nicht mehr viel machen, weil er schon so angetörnt ist.

Danach ist klar: Das reicht uns jetzt beiden. Wir gehen für heute getrennte Wege – aber wir wollen uns wiedersehen.

So viel Input muss man ja erst mal verarbeiten, und

das kann ich am besten beim Reiten. Ich trabe auf dem Rücken meines Isländers durch ein Wäldchen und freue mich über die Erinnerung an den tollen Mann, den ich heute früh noch zwischen meinen Schenkeln hatte. Alles richtig gemacht!

Ein Jahr lang bin ich online aktiv, in dieser Zeit treffen Tom und ich uns insgesamt zehnmal. Der Ablauf bleibt der gleiche: Wir sehen uns im Hotel, gehen zwischendurch was essen und verbringen die Nacht gemeinsam. Tom sorgt fürs Kulinarische, manchmal sind es wieder Früchte, er lässt beim Sex aber auch hauchfeine Schokoladentäfelchen oder Mini-Pralinen auf meiner Zunge zergehen.

Einmal erzähle ich einer Freundin davon, und sie sagt: »Das hört sich ja an wie in dem Film ›9 ½ Wochen‹ mit Mickey Rourke und Kim Basinger!« Ich kenne den nicht, anscheinend ist der schon ein bisschen älter. Wie meine Freundin ... Sie wollte mir den Film immer mal ausleihen, daran muss ich sie unbedingt erinnern!

Auf jeden Fall ist es gut, dass ich mich viel bewege, sonst hätte ich durch unsere köstlichen Sexspielchen inklusive kalorienreinem Dinner echt zugenommen! Nach einer gewissen Zeit frage ich mich schon, ob Tom genau das will: Schließlich gibt es sogenannte »Feeder«, die ihre Befriedigung daraus ziehen, Frauen regelrecht zu mästen. Für sie ist ein Restaurantbesuch wie ein Vorspiel.

Ich nagle Tom eines Tages fest: »Bist du ein Feeder?«

»Ein was?« Er muss lachen und bittet mich, zu erklären, was das genau ist.

»Nein«, sagt er daraufhin. »Aber ich fand das Füttern bei dir so geil, dass es jetzt für mich beim Sex mit dir dazugehört.« Und da habe ich nichts gegen, denn mir gefällt es auch.

Genau wie Tom selbst. Eine Weile lang finde ich ihn so toll, dass ich mich frage, wie es wohl wäre, eine Beziehung mit ihm zu führen. Aber er klärt von Anfang an die Fronten sehr genau. Nach der Trennung von seiner Freundin sei er noch nicht bereit dazu, sich wieder fest zu binden. Und so warte ich auf den Moment, in dem die ersten großen Gefühle wieder abebben. Denn es ist doch häufig so: Wenn du jemanden kennenlernst und dich in ihn verliebst, nimmst du alle seine Eigenheiten locker hin. Aber je länger man denjenigen kennt, wird einem klar, dass es das irgendwie doch nicht ist. Und dann distanziere ich mich automatisch wieder. Von daher ist meine Schwärmerei für Tom schnell wieder abgehakt.

Was Männer angeht, bin ich sowieso eher der rationale Typ. Vielleicht kommt das vom Training mit meinem Pferd, denn da gilt, es gibt nur Schwarz oder Weiß, keine Graustufen. Die führen nur zur Verwirrung. Ein Beispiel: Ein Leckerchen gibt's entweder immer nach dem Reiten oder nie. Aber nicht heute mal davor und morgen mal danach. Das können die Tiere nicht einordnen, da werden sie biestig. Diese Methode lässt sich sehr gut auf Menschen übertragen. Auch bei ihnen funktioniert das Miteinander besser, wenn man mit einer Struktur rangeht.

Jede neue Männerbegegnung löst bei mir eine Veränderung aus. Tom lässt mich im Bett kreativer werden.

Patrick, meine zweites Online-Date, löscht negative Erinnerungen – die an den Sex mit meinem Ex. Mit ihm war ich von meinem 18. bis 24. Lebensjahr zusammen, und als junges Mädchen hat man ja noch nicht viel Ahnung. Wenn er im Bett ein bisschen grober wurde, gab ich keine Widerworte, weil ansonsten lange alles top lief zwischen uns. Ich dachte: Ah, okay – beim Sex hat offenbar der Kerl das Sagen. Mir fehlten ja die Vergleichsmöglichkeiten!

Wenn ich ihm einen blies, griff er mir gern in die Haare und zog mich heftig zu sich ran. Ich hatte dann manchmal diesen Würgereflex, und das fand er sogar noch cooler. Ich sagte ihm, dass ich mich an diese Sexpraktik gern ein bisschen rantasten wollen würde. Beim nächsten Mal gingen wir's also ganz langsam und zärtlich an. Aber das war ihm nicht schnell genug, und nach fünf Minuten griff er wieder ein.

Auch Analsex mochte er gern. Ich aber fühlte mich unwohl dabei, weil er so unbeholfen und rabiat vorging. Sex war für mich damals nur noch Stress. Jetzt hatten wir drei Tage keinen, dachte ich. Da kommt er bestimmt bald wieder an! Ich hatte Angst davor.

Dabei ist Sex in einer Beziehung doch eigentlich eine tolle Möglichkeit, um Dinge auszudrücken, die man mit Worten nicht sagen kann. Man trifft sich auf einer ganz anderen Ebene. Aber auf der müssen sich beide wohlfühlen.

Und das gelingt mir mit Patrick. Mit ihm spreche ich nicht explizit ab, was ich mag und was nicht, er findet es selbst Schritt für Schritt heraus, ganz vorsichtig. Da macht mir sogar Analsex Spaß. Er benutzt ein Massageöl, das gleichzeitig als Gleitgel verwendbar ist. Patrick streichelt meinen Po, führt erst einen Finger ein, dann zwei. Er küsst mich leidenschaftlich und bringt auch mein Vibro-Ei zum Einsatz. Er gibt mir Zeit, und dadurch entdecke ich diese Sexpraktik ganz neu für mich. Ich bin superentspannt und kann es genießen, als er schließlich aufs Ganze geht. Auch weil ich das, was passiert, nicht mehr mit Angst und Schmerzen verbinde.

Mit einem anderen Mann finde ich wiederum heraus, was ich in Zukunft nicht mehr haben muss: Er will Sex mit mir in einer Liebesschaukel. Ich habe vorher noch nie Bondage ausprobiert, und dieses Szenario klingt verwegen. Allerdings muss an dem Gerät sehr viel angepasst werden – für mich ein echter Lustkiller! Es dauert ewig, bis alles auf meine Maße eingestellt ist. Die Körpergröße muss beachtet werden, die Arm- und Beinlänge, der Winkel, in dem der Rücken platziert werden soll. Als er endlich fertig ist, habe ich schon keinen Bock mehr.

Weitaus erotischer verläuft da mein Treffen mit Lena. Man kann über die Plattform ja Frauen und Männer suchen – und eine Zeit lang stelle ich meinen Account um. Auf Partys hatte ich schon mal aus Spaß mit Freundinnen rumgeknutscht. Aber Sex mit einer Frau hatte ich noch nie. Ich will unbedingt wissen, wie das ist.

Lena schreibt mich an. Ihr geht es genauso, und für sie ist es quasi fünf vor zwölf, denn sie wird bald heiraten! Einen Mann. »Ich will noch ein letztes Mal was Verrücktes machen, bevor ich ihm ein Leben lang treu bin und wir Kinder kriegen«, schreibt sie mir. »Es war schon immer mein geheimer Wunsch, einmal was mit einer Frau zu haben. Jetzt ist meine letzte Chance!« Ich weiß nicht genau, wie sie und ihr Partner das für sich mit der Treue vereinbart haben. Ich halte mich da raus. Wenn sie meint, sie möchte das ... Sage ich Nein, trifft sie sich mit einer anderen.

Also sage ich Ja. Auch, weil Lena unglaublich gut aussieht: Kleidergröße 36, große grüne Augen und lange braune Haare. Sie könnte glatt als Victoria's-Secret-Engel durchgehen. Sie betont: »Das mit uns wird eine absolut einmalige Sache!« Völlig okay für mich. Allerdings ist es gar nicht so einfach, einen Termin zu finden, schließlich darf ihr Verlobter nichts mitkriegen. Drei Wochen lang schreiben wir uns WhatsApp-Nachrichten und schicken uns Fotos. Das erste Mal, als bei mir eines ihrer sexy Selfies in Dessous ankommt, sitze ich im Hörsaal und denke: Hoffentlich sehen die Kommilitonen hinter mir nichts! Lena kann nur an einem bestimmten Wochentag ungestört mit mir via Handy flirten. Und da setze ich mich ab sofort bei den Vorlesungen immer in die letzte Reihe, damit keiner Stielaugen macht.

Beim Planen unseres Dates merke ich schon den Unterschied zu Männern. Wenn man da aneinander vorbeischreibt, sagen die im Nachhinein: »Ach, *so* hast du das gemeint! Hattest du komisch formuliert.« Als Lena mal was falsch versteht und ich sie korrigiere, jammert sie gleich: »O je, kommt das Treffen nicht zustande? Habe ich was falsch gemacht?« Wir Frauen suchen eben den Fehler meist zuerst bei uns.

Drei Wochen nach unserem ersten Kontakt stehe ich bei ihr vor der Wohnungstür. Sie begrüßt mich ganz herzlich mit einer Umarmung und bittet mich herein. »Willst du was essen? Ich habe Lasagne gemacht.« Wir quatschen wie zwei beste Freundinnen, und ich frage mich schon, ob ich hier wirklich das Richtige tue.

Aber schließlich landen wir doch auf der XXL-Couch im Wohnzimmer. Ins zukünftige Ehebett wollen wir beide nicht. Ich hätte nie gedacht, dass ich mir in diesem Moment so viele Gedanken machen würde! Aber bei Männern ist es viel einfacher, ihre erogenen Zonen sind überschaubar. Frauen zu erregen ist dagegen weitaus komplizierter. Ich weiß nicht genau, wo ich hinfassen muss, um Lena heiß zu machen. Dabei bin ich doch selbst eine Frau! Wir küssen uns zaghaft, streicheln uns. Ich knabbere leicht an ihrem Nacken und beiße ihr auch mal ins Ohrläppchen, wobei sie lustvoll aufstöhnt.

Als ich ihre Bluse aufknöpfe und meine Hand auf ihren Busen lege, denke ich kurz: Darf ich das jetzt? Diese Situation ist absolut sonderbar! Doch nach anfänglicher Verlegenheit harmonieren wir, statt zu verkrampfen, und das, obwohl es für uns beide das erste Mal mit einer Frau ist. Zum Einstieg lecken wir uns nacheinander. Einfach, um herauszufinden: Wie schmeckt das und wie fühlt es sich an? Leicht süßlich, würde ich sagen. Und Lena gehört zur Waxing-Fraktion, daher liegt ihr Schamhügel ganz glatt und weich vor meiner Nase. Sie liebt es, wenn ich meine Zunge fordernd auf und ab bewege.

Danach fingern wir uns, weil irgendwie klar ist, dass uns das leichter fällt. Denn in dieser Stellung haben wir das Gesicht der anderen im Blick und können daran ablesen, was gut ist und was nicht. Als Lena kommt, ist sie aufbrausend und brüllt wie eine Löwin. Habe ich was kaputt gemacht? Das ist der erste Gedanke, der mir durch den Kopf geht. Dann bin ich stolz.

Auch sie schafft es, mich zum Höhepunkt zu bringen. Der fühlt sich an wie die, die ich mir selbst bereite. Warm, wohlig, durch und durch. Aber ich weiß gleich, dass ich auf Dauer was Kerniges brauche. Im Klartext: einen Mann. Ich bin trotzdem froh, diese Erfahrung gemacht zu haben. Wir schreiben uns danach noch einmal, wünschen uns alles Gute für die Zukunft. Das ist es dann. Lena heiratet kurz darauf, und ich stelle meinen Account wieder auf Männer um.

Fünf treffe ich in diesem einen Jahr, bis ich auf einer Uniparty meinen jetzigen Freund kennenlerne. Nach diesem Abend gucke ich mir drei Monate lang keine Online-Männer mehr an und lösche dann mein Konto.

Karsten und ich sind jetzt seit einem Jahr zusammen. Von ihm fühle ich mich total verstanden. Wir sind nicht nur Partner, sondern beste Freunde. Wir können uns alles erzählen – daher kennt er jedes Detail meiner sexuellen Entdeckungsreisen. Auch er probiert gern mal was Neues aus, aber nicht ständig. Im Prinzip ist er mit relativ wenig zufrieden, was für eine lange Beziehung mit dem vollen Programm aber auch passender ist als jemand, der jede Woche einen neuen Kick braucht. Denn vielleicht reiche ich ihm dann irgendwann nicht mehr. Auf einer Party witzelte ich mal: »Hey, die Frau da drüben sieht toll aus. Sollen wir die nicht mit nach Hause nehmen?« Das ist doch eigentlich der Traum aller Männer! Aber er schüttelte nur den Kopf und drückte mir einen Kuss auf die Lippen. »Die Einzige, die ich heute mit nach Hause nehme, bist du.«

Sex muss in einer Beziehung gut sein, sonst funktioniert es auf Dauer nicht. Und unser Sex ist gut – auch dank der Erfahrungen, die ich im Jahr davor gesammelt habe. Ich kann jetzt Probleme im Bett leichter ansprechen und habe nicht mehr das Gefühl, Karsten dadurch zu verletzen. Und weil ich jetzt genau weiß, was ich mag, kann ich ihn auch besser anleiten.

Karsten hatte vorher nur Freundinnen, die vaginal ganz easy zum Orgasmus kamen. Er musste erst einmal verstehen, warum das bei mir nicht so ist und ich eine längere Vorbereitung brauche. Fingern war anfänglich nicht so seins.

Ich machte eine Weile mit und habe dann behutsam interveniert. Ich erklärte Karsten, dass es mich erregt, wenn ich gevögelt und gleichzeitig gefingert werde (so wie von Tom). Dann fragte ich ihn, ob er nicht mal Lust habe, Zeige- und Mittelfinger in mich reinzustecken und mich dabei mit dem Daumen zu stimulieren (so wie es Patrick getan hat). Ja, er hatte Lust darauf. Und das beflügelte unser Sexleben ungemein!

Aber Karsten ist nicht von allen meinen Ideen hellauf begeistert. Gestern aß ich neben ihm im Bett einen Schoko-Pudding, während er gebannt ein Fußballspiel verfolgte. »Darf ich den auf dir verteilen?«, fragte ich und näherte mich ihm mit dem Löffel. Er hielt sich schützend die Hände vor den Körper: »Bloß nicht! Komm, wir ziehen uns lieber gleich aus und verzichten auf die Schweinerei!« Versuchen kann man's ja mal …

Ich nehme mir inzwischen die Freiheit, nicht vor jeder Aktion darüber nachzugrübeln, was passieren oder schieflaufen könnte. Ich habe mich gegenüber fremden Männern fallen lassen, habe ihnen blind vertraut. Auch in meiner Beziehung bin ich jetzt viel unbeschwerter. Ich mache mich frei von Erwartungen. Das nimmt mir den Druck – und meinem Partner auch. Die schönsten Dinge passieren doch, wenn man sie nicht plant – das weiß ich heute.

# Polizist, Lehrer, Pilot …
# Warum ich eine Sexliste habe

## Nika, 50

Besitzen Sie eine »Bucket List«? Also eine Liste mit Dingen, die Sie noch tun wollen, bevor Sie das Zeitliche segnen? Ich habe eine. Aber darauf stehen nicht etwa ein Fallschirmsprung, Schwimmen mit Delfinen oder das Erklimmen des Mount Everest. Nein, meine Aufzählung besteht aus Männern, die ich noch besteigen will.

Ich war in meinem Leben lange Zeit sehr unzufrieden und unbefriedigt, weil ich meine Lust nicht ausleben konnte. Erst in den letzten anderthalb Jahren habe ich mich sexuell befreit.

Mit 20 bekam ich mein erstes Kind, drei Jahre später das zweite. Dadurch blieb mein Liebesleben erstmal auf der Strecke. Später verguckte ich mich in die falschen Männer – zumindest, was Sexualität angeht. Meine Forderungen waren für sie eine Überforderung. Bei einem »Komm, jetzt fessel mich mal!« hätten sie sich zu Tode erschreckt. Oder gefaucht: »Du spinnst wohl!« Meine jetzigen Sexpartner sagen so etwas nicht. Denn sie lieben es, dominant zu sein. Ich suche sie mir ganz gezielt danach aus.

Das mache ich schnell und easy übers Internet. Meine beste Freundin Andrea liebt es, wenn ich ihr von meinen Erlebnissen erzähle, denn ich bin quasi ihre Fleisch gewordene Sex-Soap-Opera. Fortsetzung folgt. Orgasmus auch. Sie ist verheiratet, hat ein kleines Kind. Mein Leben verläuft also gerade denkbar anders als ihres. Es ist irre spannend – für uns beide!

Wir haben ein Ritual: Freitagabends gehen wir zusammen was trinken. Bei Andrea muss ich kein Blatt vor den Mund nehmen, ihr kann ich alles sagen, auch die Dinge, die ich in meinem Job als Sozialarbeiterin für mich behalte. Da bin ich ein anderer Mensch, und das soll auch bitte so bleiben. Aber Andrea kennt meine größten Geheimnisse. So eine Freundin braucht man ganz dringend! Einmal habe ich ihr erzählt, dass ich auf einer Party mit einem süßen Polizisten geflirtet hatte. Und da wurde die Idee zu meiner sehr speziellen »Bucket List« geboren. Denn Andrea meinte: »Was *du* immer für Männer triffst! Eigentlich müsstest du dir 'ne Liste zum Abhaken machen.«

Ich fand das reizvoll. Also setzte ich mich zu Hause hin und überlegte, welche Exemplare ich gern mal in mein Bett locken würde. Ich kam auf vier:

Polizist
Lehrer
Pilot
Priester

Für mich ist diese Liste wie ein Test am lebenden Objekt. Ich will herausfinden: Haben diese Männer wirklich die

Charaktereigenschaften, die man ihnen nachsagt? Oder sind sie vielleicht ganz anders?

Auf Polizist und Lehrer kam ich, weil beide im Job dominant und autoritär sein müssen. Sie können eine gewisse Macht ausüben. Bleibt die Frage, ob sie das auch privat gern machen? Wählen sie darum diesen Job? Dann sind sie nämlich die perfekten Sexpartner für mich! Ich mag Männer, die mir sagen, wo's langgeht.

Hinter beide Berufsgruppen konnte ich schon erfolgreich ein Häkchen machen. Wie es war? Ein bisschen Geduld, bitte!

Zunächst verrate ich, wie der Pilot auf meiner Liste gelandet ist. Er schleppt ja angeblich alles ab, was nicht bei drei auf dem Baum ist. Ich würde ehrlicherweise gar nicht erst loskraxeln, sondern bereitwillig unten vorm Stamm warten. Schon als junges Mädchen wollte ich unbedingt Stewardess werden, um an einen Kerl in schicker Uniform ranzukommen. Die dürfte er beim Date mit mir gleich anlassen.

Und was hat es mit dem Priester auf sich? Den würde ich gern mal ins Gebet nehmen, weil mir ein Freund eröffnete, dass er seinen alten Job hinschmeißt und Theologie studiert. Bisher hat er ein ganz normales Leben geführt, doch jetzt wird er plötzlich Priester! Da dachte ich mir: Vielleicht gibt es mehr Glaubensmänner mit einer Geschichte wie seiner. Und das hieße, dass sie nicht so unnahbar sind, wie man immer denkt ... Eine schöne Herausforderung! Bisher waren allerdings alle Stoßgebete erfolglos. Aber vielleicht bekomme ich ja doch noch mein persönliches »Dornenvögel«-Erlebnis!

Dafür sitze ich jetzt allerdings nicht jeden Sonntag in der Kirche, denn es handelt sich hierbei mehr um eine Spaßliste. Ich mache mich nicht verbissen auf die Suche nach diesen Männern, ich lasse mich lieber finden. Und das klappt online wunderbar!

Vor sieben Jahren meldete ich mich erstmals bei dem Dating-Portal an. Da steckte ich seit 15 Jahren in einer Beziehung, die aber inzwischen mehr einer Wohngemeinschaft glich. Wir lagen zwar nachts nebeneinander – aber da passierte ähnlich viel wie zwischen zwei Heringsfilets im Kühlregal. Ich hatte mich mit diesem Mann schon einmal hingesetzt und klipp und klar gesagt: »Mir ist das, was wir haben, zu wenig. Mir fehlt was.«

Im Gegensatz zu meiner kurzen »Bucket List« gab es in diesem Fall einen ganzen Katalog an Vermisstem: Er hat mich am Ende weder geleckt noch gefingert, das höchste der Gefühle war Blümchensex in der Missionarsstellung. Aber selbst der blieb irgendwann aus. Mein damaliger Partner wollte noch nicht einmal, dass ich ihm einen blase. Dabei mache ich das unglaublich gern. Ich liebe es, einen Mann oral auf 180 zu bringen! Ein tolles Gefühl, wenn er sich ganz auf mich einlässt.

Dieser Mann war nicht bereit dazu. In seinen Augen lief damals beziehungstechnisch alles super, er vermisste nichts und sah keine Veranlassung dazu, etwas zu ändern. Da war für mich klar, dass das Ganze gelaufen ist. Trotzdem schaffte ich den Absprung nicht, denn auch, wenn im Bett nichts mehr lief: Emotional war ich noch extrem von ihm abhängig. Dieser Mann hatte schließlich meine zwei Kinder mit großgezogen, obwohl es nicht seine waren. Wir hatten uns viel miteinander aufgebaut, und ich war mir nicht sicher, ob ich es im Alltag ohne ihn schaffen würde. Ich war wie gelähmt.

Ich blieb bei ihm, bis ich realisierte, dass ich etwas Krasses machen musste, um meine Fesseln zu sprengen. Um wieder zu mir selbst zu finden.

Also legte ich mein Online-Profil an und ging fremd. Einfach so. Mehrfach. Ich traf mich drei-, viermal mit Männern in Hotels und holte mir endlich das, worauf ich jahrelang hatte verzichten müssen. Ich probierte nichts Verrücktes, wagte keine Experimente. Aber ich hatte endlich mal wieder richtig guten Sex!

Dann ist etwas passiert, womit ich nie gerechnet hätte: Ich verliebte mich in eine meiner Affären – und er sich in mich! Da wollte ich das Ganze nicht mehr geheim halten.

Daher setzte ich mich mit meinem damaligen Freund zusammen und beichtete ihm, dass ich ihm nicht mehr treu war. Er fiel aus allen Wolken, hatte nichts bemerkt oder vermutet. Mein Geständnis riss ihn aus seinem gewohnten Trott.

Ein Jahr lang herrschte zwischen uns Funkstille, dann gingen wir wieder aufeinander zu. Und er haute mich mit einem Statement um: »Ich habe mich damals nicht mehr um dich bemüht, es war mir alles egal. Heute kann ich deinen Entschluss nachvollziehen.« Wir haben uns gegenseitig verziehen – ich ihm seine Nachlässigkeit, er mir meine Untreue –, und sind heute gute Freunde.

Meine neue Online-Liebe brachte leider auch nicht die Erfüllung: Als wir uns noch heimlich in Hotels trafen, glühten unsere Körper bei jedem Treffen. Wir haben überall gevögelt, wo's überhaupt möglich war. Doch nachdem die Beziehung offiziell war, wurde auch unser Sex mehr zur formellen Sache. Aber ich liebte ihn und war darum wieder einmal bereit, zurückzustecken.

Vor anderthalb Jahren trennte er sich für eine Jüngere von mir. Bei ihm war Familiengründung ein Thema, aber ich war mit dem Kinderkriegen durch, sogar schließlich auch schon fast mit den Wechseljahren. Ich glaube, aus diesem Grund hat er sich nie hundertprozentig für mich entschieden. Als er mich verließ, war das ziemlich hart.

Aber wahrscheinlich musste ich noch einmal auf die Nase fallen, um endlich zu kapieren, dass ich nur dann glücklich sein kann, wenn ich mir meine Wünsche erfülle. Wenn ich mein Verlangen stille und mein Leben so lebe, wie ich es mir vorstelle. Ohne Einschränkungen.

In diesem Moment fiel der Startschuss für meine neue Zukunft!

Auch körperlich, denn ich war ein echtes Moppelchen, hatte meinen Sexfrust in den vergangenen Jahren buchstäblich in mich hineingefressen. Ich wog 86 Kilo bei einer Größe von 1,64 Metern. Durch den Liebeskummer bekam ich nun aber kaum etwas Essbares herunter und verlor mühelos vier Kilo. Mein Kampfgeist war geweckt. Ich sagte mir: So, meine Liebe, jetzt machst du Sport, nimmst richtig ab und holst dir einen Mann nach dem anderen! Innerhalb von einem Jahr verlor ich 27 Kilo, trage jetzt statt XL Größe 36.

Und mit den Männern klappte es auch. Schon kurz nach dem Liebes-Aus meldete ich mich ein zweites Mal bei dem Dating-Portal an. In meinem Profil beschrieb ich klar, was ich mir vorstellte: Oralsex, Fesselspiele, untenrum rasierte Männer und jede Menge Abenteuer. Einziges No-Go: Analsex. Darauf stehe ich überhaupt nicht.

Bei meinen ersten Dates hatte ich quasi nur meine Grundbedürfnisse gestillt. Jetzt war ich bereit, es wilder zu treiben.

Und wer half mir dabei? Achtung, »Bucket List« zücken: ein Mathelehrer namens Tim. Mit ihm ist eins plus eins nicht zwei – sondern eine Million. Denn er ist mein Sex-Jackpot!

Und an einem Samstagabend vor über einem Jahr war er auch mein Retter:

Da sitze ich stinksauer vor meinem Computer, weil ein Typ mich versetzt hat. Ich will mich durch ein bisschen Chatten ablenken und logge mich im Portal ein. Ich hacke Folgendes in die Tastatur: *Mich hat gerade einer hängen lassen. So ein Blödmann!*

Tim ist auch online, das kann ich sehen. Wir haben uns vorher nur ein-, zweimal geschrieben, ich weiß noch nicht mal, wie er aussieht. Aber er ist nett, und unsere Interessen stimmen überein. Plötzlich ploppt eine Nachricht von ihm auf.

*Mach dich locker. Weißt du was? Ich komme vorbei!*

Warum eigentlich nicht? Ich bin sehr risikofreudig. Sonst würde ich ganz viel verpassen, denn ich glaube, dass man am Ende des Lebens nicht die Dinge bereut, die man gemacht hat, sondern nur die, die man gelassen hat. Ich will mich nicht im Wenn und Aber verheddern. Darum sage ich Ja und gebe ihm meine Adresse.

Um 20 Uhr kommt die letzte Nachricht von ihm, 90

Minuten später klingelt es an meiner Tür. Ich habe keine Ahnung, wer da gleich vor mir steht. Was für ein Kick! Mein Körper wird zum Starkstromkabel, 400 Volt rauschen durch meine Adern. Ich öffne und sehe mich einem Typ mit roten Haaren gegenüber. Nicht sofort mein Traummann, aber er hat wache blaue Augen und ein charmantes Lächeln. Wie begrüßt man einen Menschen, den man null kennt, mit dem man aber gleich Sex haben wird? Küsschen links, Küsschen rechts ist ein guter Einstieg.

Meine Wange berührt seine. Die ist weich, frisch eingecremt und riecht nach würzigem Aftershave. Gepflegt ist er auf jeden Fall schon mal. Wenn er unglaublich hässlich oder ungewaschen gewesen wäre, hätte ich ihn sofort wieder weggeschickt. Da kenne ich kein Pardon. Das ist ein echter Zittermoment: Entweder passt es, und du hast Sex mit ihm, oder du sagst ihm, dass die Chemie nicht stimmt. Es ist wichtig, dass du dieses »Geht gar nicht« auch aussprichst, sonst ist das Ganze nur verlorene Zeit – für beide. Mir ist Ehrlichkeit wichtig. Ich sage daher deutlich, wenn meiner Meinung nach kein Funke überspringt.

Hier glüht aber eindeutig was, und ich lasse Mathelehrer Tim herein. Wir setzen uns aufs Sofa, aber es gibt keine lange Kurvendiskussion. Wir machen nur ein bisschen Small Talk, und dann zieht er mich auch schon zu sich heran. Der erste Kuss ist gleich so forsch und feucht und geil, dass mir ganz flau im Magen wird. »Ich will dich«, sagt er. »Wo ist dein Schlafzimmer?«

Ich habe auch Dates, bei denen ich mich mit den Männern in einer Bar oder einem Restaurant treffe. Die verlaufen dann natürlich ganz anders. Aber wenn von vorneherein klar ist: Ich will Sex, du willst Sex – dann wird nicht viel gequatscht. Über das Eiltempo an diesem Abend bin allerdings auch ich überrascht.

Ich führe Tim ins Schlafzimmer, und da macht er ganz klare Ansagen. Auch die Art, wie er mich greift, festhält und runterdrückt, macht mich an. Gehorsam positioniere ich mich so, wie er es will. Obwohl ich hier diejenige bin, die Anweisungen befolgt, ist diese Nacht für mich wie ein Befreiungsschlag: Tim ist genau der Mann, den ich in diesem Moment brauche. Er übernimmt die Führung, er weiß, was er will, und er holt es sich ganz selbstbewusst. Das habe ich mir in meinen vorherigen Beziehungen immer gewünscht! Denn nur dann kann ich mich fallen lassen und genießen.

Und so fällt der erste »Bucket List«-Test positiv aus: Ja, dieser Lehrer ist genauso, wie ich es mir vorgestellt habe. Alles andere als devot. Großartig!

Ich mag Dominanz, aber die sollte nicht brachial sein. Gerade, wenn man den Partner noch nicht kennt, muss man sich langsam rantasten. Es gibt auch Männer, die dir gleich eine klatschen wollen, aber das geht natürlich gar nicht. Tim findet schnell heraus, was mir gefällt, und daher weiß ich bald, dass ich mit diesem Mann noch viele Erfahrungen machen möchte.

Seitdem treffen wir uns alle zwei, drei Wochen. Es ist gar nicht so einfach, jemanden für eine »Freundschaft plus« zu finden. Ein Mann, der bereit ist, eine längere Affäre mit dir einzugehen, ohne dass Gefühle dazukommen. Nach dem Sex geht jeder wieder seiner Wege. Bei Tim und mir klappt das jetzt schon seit über einem Jahr. Wir wissen kaum Privates voneinander. Wenn wir uns schreiben, geht's immer um unser nächstes Mal. Denn wir planen vorab genau, wie das aussehen soll. Besser gesagt: Tim erklärt mir, was ich zu tun habe. Jedes Treffen ist anders, wir spielen ein immer neues Spiel. Manchmal schickt er mir auch kurz vorher erst eine Nachricht wie diese:

*Ich komme in einer halben Stunde und möchte, dass du dann klitschnass aus der Dusche steigst.*

Oder diese: *Wenn ich reinkomme, wartest du nackt über den Esstisch gebeugt auf mich.*

Seine Ideen erregen nicht nur meinen Körper, sondern auch meinen Geist. Es ist unglaublich spannend, sich darauf einzulassen. Der Sex im Kopf beginnt dann nämlich schon Tage oder Stunden vor dem Treffen.

In einer Sache gehen wir immer gleich vor: Tim klingelt, ich lasse ihn per Knopfdruck zur Haustür herein und öffne dann meine Wohnungstür einen Spalt breit. Er lässt sich extra viel Zeit, damit ich mich in die von ihm gewünschte Position begeben kann. Ich höre seine Schuhe auf dem Parkettboden. Und dann geht es gleich zur Sache. Oft durchfährt mich schon ein Schauer, bevor er überhaupt einen Fuß über die Schwelle gesetzt hat …

Wir haben auch verschiedene Locations ausprobiert – zum Beispiel den Keller des Mietshauses, in dem ich wohne. Das war Tims Idee. Hinter der Eingangstür führt links eine graue Betontreppe hinunter. An deren Fuß muss man eine schwere weiße Brandschutztür öffnen, um zu den einzelnen Abteilen zu kommen, in denen die Nachbarn Skier, ausrangierte Möbel und Weinflaschen lagern.

Als die Tür hinter uns zufällt, presst Tim mich an die kühle Betonwand, greift mit einer Hand unter meinen Rock und schiebt meinen Slip zur Seite. Er nimmt mich im Stehen, und währenddessen hören wir, wie oben die Tür auf und zu geht. Einer der Nachbarn könnte in den Keller wollen – dieser Gedanke macht es noch aufregender.

Im Sommer setzen wir spontan eine meiner Fantasien um: Es ist eine schöne warme Nacht, und durch meine geöffnete Balkontür weht eine leichte Brise herein. »Wie wäre es mit draußen?«, frage ich Tim, und seinen Mund umspielt ein draufgängerisches Lächeln. Mein Balkon wird von einer weißen Metallwand umrandet, die mir genau bis zum Bauchnabel reicht. Die perfekte Höhe, um sich drüber zu lehnen! Das mache ich dann auch – nackt bis auf ein T-Shirt. Es ist 23 Uhr, die Balkons rechts und links von mir sind schon leer. Tim stellt sich hinter mich, ich spüre seinen Atem an meinem Hals. Er packt meinen Po, lässt seine Hände auch nach vorn gleiten. Dann dringt er in mich ein, und ich versuche, nicht zu laut aufzustöhnen. Sonst haben wir bald mehr Zuschauer, als uns lieb ist, … Das Licht aus dem Wohnzimmer scheint warm auf uns. Wir sitzen quasi auf dem Präsentierteller und bieten jedem, der hinschaut, eine tolle Show. Könnte ich Noten vergeben, würde Tim eine Eins plus bekommen!

Wahnsinnssex auf dem Balkon – das gehört zu den Sachen, bei denen ich sage: Ich darf nicht sterben, ohne es mindestens einmal gemacht zu haben! Dafür nehme ich auch mal ein Risiko in Kauf. Allerdings wird mein Mut nicht immer belohnt. Einmal will ich unbedingt ausprobieren, wie es wohl ist, während dem Sex mit einem anderen Mann zu telefonieren, der mich zusätzlich heiß macht. Wir finden online einen jungen Mann, der Lust darauf hat. Tim und ich machen's Doggystyle, und vor mir liegt mein Handy, bei dem ich den Lautsprecher aktiviert habe. Doch während Tim und ich ordentlich zur Sache kommen, hören wir am anderen Ende: nichts. Nur hier und da mal ein gestammeltes »O ja« oder »geil«. Das törnt mich gar nicht an. Wir ziehen es bis zum Ende durch, aber Spaß macht es nicht wirklich. Vielleicht wäre es mit einem Kerl, der sich mehr eingebracht hätte, anders gewesen. Für mich gehört dieses Szenario aber eindeutig in die Kategorie »Hab ich ausprobiert, muss ich aber nicht noch mal machen«.

Dann lieber einen realen, handfesten Dreier. Ich bin nämlich keine große Verbal-Erotikerin. Ich kann zwar problemlos über verschiedene Praktiken reden, aber Telefonsex an sich ist nicht mein Ding. Schon gar nicht mit Männern, die ich noch nie gesehen habe. Ich bin ein sehr visueller Mensch. Darum schreibe ich auch nicht lange rum, bevor ich mich mit jemandem treffe. Denn erst, wenn man sich gegenübersteht, entscheidet sich in Millisekunden: Passen wir zusammen – oder nicht? Mich kann keiner nur per E-Mail heiß machen, das funktioniert einfach nicht. Ich muss sehen, fühlen, riechen. Erst wenn alles stimmt, weiß ich, dass ich mit diesem Mann Sex haben kann!

Mit Tim spreche ich seit Monaten über einen Dreier, aber bisher haben wir die Umsetzung noch nicht geschafft. Er hätte gern eine Frau dabei, aber das kann ich mir nicht vorstellen. Männer sind für eine derartige Aktion sowieso leichter zu finden, aber der Richtige war trotzdem noch nicht dabei. Da arbeiten wir also weiter dran.

Vom Einfallsreichtum her ist Tim der perfekte Mann für mich. Aber wir sehen uns nur alle 14 Tage oder drei Wochen, mehr Zeit hat er nicht. Wenn es nach mir ginge, hätte ich mindestens dreimal pro Woche Sex. Daher kann ich nicht allein auf Tim setzen, das reicht mir nicht.

Inzwischen glaube ich sowieso nicht mehr, dass es den richtigen Mann für mich gibt. Den einen, der mich zu hundert Prozent zufriedenstellen kann. Der genauso oft Sex will wie ich. Und genauso aufgeschlossen ist. Der mit mir Dinge ausprobiert und gleichzeitig mein Lebenspartner ist. Irgendwas fehlt immer. Meine Erfahrungen haben mich da wohl desillusioniert. Daher verzichte ich bis auf Weiteres auf eine feste Beziehung. Ich habe Affären und genieße es! Vielleicht ändert sich das wieder, wenn ich ein bisschen älter bin. Kann ja sein, dass dann ein anderes Bedürfnis die Oberhand gewinnt. Aber solange ich kann und fit bin, möchte ich weiter experimentieren.

So wie mit Georg. Der ist – hallo, »Bucket List« – Polizist. Er gibt genauso gern den Ton an wie Tim, hat aber ansonsten andere Vorlieben. Denn während Tim Dessous ablehnt (Er sagt immer: »Ich will dich nackt!«), steht Georg total auf Strapse. Ein paar Stunden bevor er das erste Mal zu mir kommt, schicke ich ihm heiße Selfies von mir in Dessous – zur Sicherheit ohne Gesicht.

Georg weiß also genau, was ich drunter trage, und das hat ihn ganz schön heiß gemacht. Trotzdem hält er sich zurück und gibt mir beim Reinkommen erst mal nur ein Küsschen auf die Wange. Wir setzen uns aufs Sofa, und in dem Moment rutscht mein sowieso schon kurzer schwarzer Lederrock noch ein bisschen höher. So kommen meine schwarzen Strapse zum Vorschein. Genauso habe ich es geplant.

Doch Georg grapscht nicht gleich, er schaut nur – und genießt. Wir leeren eine ganze Flasche Rotwein und haben viel Spaß. Bei mir muss keiner aussehen wie ein Model, aber ich muss mit meinem Gegenüber kommunizieren können. Typisch Sozialarbeiterin: Ich rede gern. Wer das nicht kann, ist bei mir unten durch. Georg muss ich keinen Strafzettel verpassen, es läuft alles wunderbar.

Nach ein paar Küssen zeigte er schließlich seine fordernde Seite. Er greift mir zwischen die Beine und zieht mir den Slip herunter. Eine sexy Leibesvisitation! Dann landet sein Blick auf meinem großen rechteckigen Esstisch aus Eichenholz. Der ist sehr stabil und hat schon viele Männer inspiriert. »Lehn dich darauf«, sagt Georg. Und schwupps, sind wir mittendrin in der Nummer.

Später hat mir Georg auch mal knallrote Pumps geschenkt. Mit Glitzersteinen besetzt und 13 Zentimeter hohen Absätzen. Die zog ich beim Sex mit ihm an – und nur dafür sind sie auch geeignet. Sie sind unglaublich unbequem, aber exzellente »Bettschuhe«. Ich liebe sie!

Wenn Georg und ich zusammen sind, tut er mir nicht weh, aber er hat eindeutig die Zügel in der Hand. Ganz nach dem Motto: Ich vögel dich – und nicht umgekehrt. Männer wie er erlauben noch nicht einmal, dass du oben sitzt. Die wollen auch gar nicht unbedingt selbst kommen, weil selbst das für sie einen Machtverlust darstellt. Ein interessantes Thema, das ich aus meinen früheren Beziehungen gar nicht kannte. Viele dominante Männer zögern den Orgasmus raus und raus und raus – weil sie wissen, dass sie danach ja nicht so schnell wieder können.

Für Tim spielt es zum Beispiel keine Rolle, ob er kommt. Das ist gar nicht sein Ziel. Ihm ist es wichtig, dass ich auf meine Kosten komme. Und welcher Frau würde diese Einstellung nicht gefallen? Für mich eine ganz neue Erfahrung – eine sehr schöne.

Daher möchte ich nur noch mit dominanten Männern ins Bett. Meine Lust darauf ist in den letzten anderthalb Jahren weiter gestiegen. Ich glaube, das funktioniert so gut, weil wir uns eben nur zum Sex treffen. In einer Beziehung würde mir dieses Machtgehabe auf den Geist gehen.

Eine Kollegin sagt immer, dass man es mir ansieht, wenn ich wieder guten Sex hatte. »Dann strahlst du so«, sagt sie. Ich weiß nur eins: Ich habe heute ein ganz anderes Körperbewusstsein – und das nicht nur, weil ich 27 Kilo leichter bin. Nein, ich gehe auch aufrechter, habe mehr Selbstvertrauen. Ich bin zufriedener und gelassener. Denn ich warte nicht mehr darauf, dass einer kommt, der meine Wünsche erfüllt. Das nehme ich jetzt selbst in die Hand.

Ich habe in den letzten anderthalb Jahren alles erlebt, was ich im Bett je machen wollte: Ich ließ mich fesseln, schwitzte mit einem Mann auf dem Dachboden (und zwar nicht beim Aufräumen) und holte das Letzte aus erotischen Spielzeugen heraus. Es hat mir unheimlich viel Spaß gemacht! Und ich habe erfahren, dass es noch viel mehr gibt, als ich mir je hätte vorstellen können …

Ich bin sowieso kein Mensch, der mit Scheuklappen

durchs Leben rennt, ich habe schon immer nach rechts und links geschaut. Aber jetzt dreht sich mein Kopf noch weiter in jede Richtung. Auch bei Männern. Früher hätte ich gesagt: Ich mag nur große Dunkelhaarige, was anderes kommt gar nicht in Frage. Heute ist es mir zunächst einmal egal, ob jemand blond, rothaarig oder glatzköpfig ist. Ich werde häufig von Männern angeschrieben, deren Foto nicht meinem früheren Schönheitsideal entspricht. Aber wenn ihr Text toll ist, antworte ich auf jeden Fall. Daraus haben sich schon wundervolle Treffen ergeben, und die wären mir glatt entgangen, wenn ich an meinen alten Standards festgehalten hätte.

Ich bin frei und bereit dazu, mich immer wieder zu verändern. Momentan sehe ich mich nicht in einer Beziehung. Ich weiß noch nicht, ob das ein Vor- oder Nachteil ist. Ich habe alles gelebt – war verheiratet, hatte lange Beziehungen und genoss die große Liebe. Aber dieses »für immer und ewig«, daran glaube ich nicht mehr.

Jetzt treffe ich jemanden und mache meine Erfahrungen mit ihm. Mal kürzer, mal länger. Und dann ist es vorbei. Danach begegne ich einem anderen, der mich ganz neuen Dingen näherbringt.

Ich weiß nicht, ob ich überhaupt noch treu sein könnte. Wahrscheinlich bin ich nicht dafür geeignet. Vielleicht mit 60. Vielleicht will ich dann jemanden für immer und ewig an meiner Seite haben. Aber heute kann ich mir das nicht vorstellen, weil sich nicht mehr alles um die Männer in meinem Leben dreht. Ich bin dafür zu sehr mit dem Rest beschäftigt. Ich treibe viel Sport, arbeite 45 Stunden pro Woche, treffe mich mit Freunden. Meine Affären sind immer mal wieder ein Ausgleich dafür, und das reicht mir auch so.

Meine jetzige Situation ist aus Liebeskummer heraus entstanden. Heute bin ich froh, dass ich in diese Krise geriet. Es war alles genauso richtig, wie es passiert ist. Ich will nichts missen, auch die Schwierigkeiten nicht. Oder den Blümchensex. Denn erst dadurch habe ich die Kraft entwickelt, mich zu verändern. Statt eines deprimierenden Beziehungstunnels erstreckt sich jetzt um mich herum ein Feld voller Möglichkeiten. Ich möchte so viele wie möglich davon ergreifen! Und meine »Bucket List« erweitern. Ich hab da auch schon jemanden im Auge …

# Meine Mega-Nacht mit dem Cyborg-Penis

## Verena, 35

Mein 30. Geburtstag war für mich ein Meilenstein. Ich schaute voraus, zurück – und was ich sah, gefiel mir nicht. Mit der Zahl 30 an sich hatte ich kein Problem. Aber ich musste mir eingestehen, dass ich anscheinend eines mit Männern habe. Besser gesagt, mit Beziehungen. Irgendwie finde ich nie den Richtigen, oder die Männer finden mich nicht richtig.

Alle zwei, drei Jahre hatte ich mal einen Freund, dazwischen herrschte Flaute im Bett – weil für mich Sex nur mit einem festen Partner in Frage kam. An meinem runden Geburtstag war ich auch schon wieder länger Single. Dabei hatte ich mal gelesen, dass Frauen mit 30 auf ihrem sexuellen Höhepunkt stehen! Doch von erotischen Höhepunkten war ich so weit entfernt wie Sarah Jessica Parkers Füße von Birkenstocks. Ich dachte, es kann doch nicht sein, dass ich meine besten Jahre verschwende, weil ich darauf warte, endlich wieder verliebt zu sein. Und endlich mal wieder Sex zu haben.

In einer Zeitschrift sah ich eine Werbung für *Secret.de*. Und beschloss, es jetzt mal mit Affären auszuprobieren.

Wobei ich sie lieber als Liaison bezeichne. Das klingt schöner, weil in dem Wort mehr Herz steckt. Der Begriff Affäre hat immer einen doofen Beigeschmack, weil viele Menschen davon ausgehen, dass in dem Fall einer der beiden vergeben ist und jemanden betrügt. Doch das wollte ich nie. Ich habe Angst vorm Karma: Wenn ich die böse Dritte bin, passiert mir das sicher auch irgendwann!

Daher wies ich in meinem Profil deutlich darauf hin, dass ich mich nicht mit vergebenen Männern treffen will. Ich hatte außerdem keine Hemmungen, frank und frei zu formulieren, was ich will und was nicht. Vielleicht, weil ich ein Mädchen der »Sex and the City«-Generation bin. Ich muss ehrlich sagen, ich fand es schon immer toll, wie offen Samantha Jones in dieser Serie mit ihrer Sexualität umgeht. Sie nimmt sich jeden Typ, den sie will, probiert die aberwitzigsten Stellungen aus – und plaudert hemmungslos darüber.

Es ist auf jeden Fall von Vorteil, wenn man bei der Online-Suche so ehrlich wie möglich ist. Gebe ich an, dass ich bereit bin, bestimmte Dinge zu tun, aber eigentlich will ich es gar nicht, ist das ja wie ein Schuss ins Knie. Dann melden sich genau die falschen Männer!

Ich schrieb rein, dass Küssen für mich wichtig ist und ich mir unbedingt Kuschel- und Oralsex sowie Fesselspiele wünsche. Eigentlich nichts Verrücktes. Ich muss keinen SM-Sex haben, um glücklich zu sein. Wenn mal einer dabei ist, der das unbedingt ausprobieren will, würde ich im bestimmten Rahmen sicher gern mal mitmachen. Es steht aber nicht ganz oben auf meiner Liste.

Die Männer springen immer wahnsinnig auf den Punkt

mit dem Fesseln an. Daraufhin wurde ich schon öfter angeschrieben, das scheint noch was Besonderes zu sein. Für mich auch, schließlich mache ich das nicht jeden Tag. Die Idee dazu kam mir erst, seit ich online nach Sexpartnern suche. Es war Teil meiner sexuellen Selbstfindung. In meinen vorherigen Beziehungen hatte ich immer nur Durchschnitts-Sex. Jetzt wollte ich neuen Wind reinbringen.

Und ich merkte, dass ich mich bei einer Liaison viel mehr traue, weil ich den Typen nicht beeindrucken muss. Mir war egal, was die Männer über mich dachten. Ich habe mir das geholt, was ich brauchte. Ich wurde aktiver im Bett und freier im Kopf.

Früher machte ich mir beim Sex immer schrecklich viele Gedanken: O Gott, wie sehe ich jetzt dabei aus? Hängt was? Bildet sich ein Röllchen? Hoffentlich sieht er nicht die Delle da! Doch diese Sorgen sind jetzt weg, weil ich mir sage: Es ist nur eine Affäre, und er findet mich anscheinend geil – sonst wäre er ja nicht bei mir.

Ich fasste den Mut, mehr auszuprobieren: fesseln, Augen verbinden und Positionen, die mir vorher peinlich waren. Die umgekehrte Reiterstellung zum Beispiel, bei der ich ihm quasi den Po direkt ins Gesicht halte. Damit hatte ich echt ein Problem, weil in meinem Hinterkopf immer ertönte: Er hat ne Großaufnahme von deinem Hintern vor der Nase! Jetzt scheue ich mich nicht mehr davor, denn ich habe herausgefunden, dass Männer auf Ärsche stehen, die können ruhig ein bisschen größer sein. Kein Problem! Das hab ich jetzt auch mit dieser Stellung nicht mehr. Hauptsache, alle haben ihren Spaß.

Ich bin von Anfang an mit dem Ansporn rangegangen,

Männer zu finden, mit denen ich mich für längere Zeit treffen kann. An One-Night-Stands hatte ich zunächst mal kein Interesse.

Ich möchte denjenigen kennenlernen. Ich möchte, dass wir zusammen auf eine Reise gehen, Sachen ausprobieren – und das tut man ja in der Regel erst, wenn man sich ein bisschen besser kennt. Du brauchst viel Vertrauen. Ich würde mich auf keinen Fall beim ersten Mal von einem Typen fesseln lassen oder erlauben, dass er mir die Augen verbindet. Und ich war von Anfang an optimistisch, dass ich solche Männer finden würde. Ich habe mich auf etwas Neues eingelassen und wurde positiv überrascht.

Es macht mir viel Spaß, die Datenbank zu durchsuchen und mir Profile von Männern anzuschauen. Das ist das Schönste! Wenn man jemandem zeigen will, dass man ihn toll findet, kann man ihn als »Favorit« markieren. Macht das ein Mann mit mir, bekomme ich eine Nachricht. Dann kann ich mir sein Profil anschauen und entscheiden, ob ich handeln will. Ich würd's anders herum allerdings nicht so machen. Wenn mir ein Typ gefällt, schreibe ich ihn gleich an.

Nach meiner Erfahrung sind die Männer und die Unterhaltungen ehrlicher als bei anderen Single-Börsen. Da geht's halt eher darum, was der andere beruflich macht oder was für Hobbys er hat. Solche Gespräche verlaufen ganz schnell wieder im Sand. Wenn ich mal einen Korb gab, wurden viele Männer unhöflich oder beleidigend. Das habe ich auf dieser Website noch nie erlebt. Da kam eher ein: »Okay, danke für die Rückmeldung, dann noch viel Spaß!« Die Männer, mit denen ich Kontakt hatte, blieben immer freundlich.

Ich hab mich gefragt, woran das liegt. Vielleicht daran, dass man nichts zu verlieren hat, weil man keine Beziehung sucht, sondern eben »nur« Sex. Vielleicht gehen die Menschen da mit anderen Maßstäben an die Suche ran. Es ist alles nicht so emotional.

Bei einer Liaison spielt es für mich zum Beispiel keine Rolle, welchen Job der Mann hat. Suche ich aber einen Partner, ist es für mich natürlich interessant zu wissen, was er beruflich macht. Wenn ich mich fest an einen Menschen binden will, stelle ich andere Fragen.

Ich suche nur in meiner Stadt, also in Hamburg. Alles andere ist mir zu kompliziert. Ich bekomme auch Zuschriften aus Hannover oder Bremen. Das ist zwar nicht weit weg, aber ich habe trotzdem keine Lust, mich für eine Nacht oder nicht mal das – man fährt ja doch meist nach dem Sex nach Hause – in den Zug zu setzen und da hinzufahren. Ich hätte auch ein schlechtes Gewissen, einem Mann eine zweistündige Autofahrt aufzuhalsen, nur um dann beim ersten Date festzustellen: Nee, das passt gar nicht.

Denn ich hatte anfangs eine feste Regel: kein Sex beim ersten Date. Weil ich wollte, dass man sich erstmal kennenlernt. Sich beschnuppert und alles ganz entspannt angeht. Im ersten Jahr habe ich diese Regel knallhart befolgt, die Jahre danach nicht mehr so … Aber jetzt komme ich wieder dahin zurück, weil die Männer mich als Frau und Mensch wahrnehmen sollen, nicht nur als Sexobjekt.

Beim zweiten Date lade ich die Männer zu mir ein. Wir

reden ein bisschen, trinken einen Wein oder einen Gin Tonic miteinander. Dann ist alles schon vertrauter.

Ich hab mich mal mit einem Typen in einer Bar getroffen und ihn gleich mit nach Hause genommen. In meiner Wohnung war es dann irgendwie merkwürdig: Wie fängt man an? Wir standen im Flur und haben uns geküsst. Aber es war seltsam, weil wir uns ja eigentlich gar nicht kannten. Nach dem Sex lagen wir nebeneinander im Bett, und ich dachte: Das war jetzt irgendwie strange. Und das ist wohl auch der Grund, warum ich keinen One-Night-Stand suche. Das hatte sich angefühlt wie einer.

Wegen meiner »Kein Sex beim ersten Date«-Regel ist noch keiner abgesprungen. Im Gegenteil: Die meisten hat es sogar richtig angetörnt. So wie Ole, der schönste Mann, den ich je getroffen habe. Er hat blond-graumelierte Haare und einen Vollbart – da steh ich drauf! Ole ist groß, muskulös und trägt eine feine Hornbrille, die super zu ihm passt. Ich hab ihn gesehen und gedacht: Wow, sieht der gut aus! Ich war sofort entflammt, und für mich stand da schon fest, dass das mit uns länger dauern wird.

Ich habe den ersten Schritt gemacht, und dann nahm alles seinen Lauf. Wir haben uns anfangs viel geschrieben und telefoniert. Und haben herausgefunden, dass wir beide gern Sushi mögen. Ich weiß sogar, wie man es selbst zubereitet.

»Das kann ich nicht. Wollen wir das nicht mal zusammen machen?«, fragte Ole. Wir standen gemeinsam bei ihm in der Küche, wobei ich die meiste Arbeit gemacht habe und er nur zugearbeitet hat. Aber es war trotzdem schön, wir haben viel geredet und gelacht.

Nach dem Essen landeten wir auf der Couch und küssten uns bestimmt eine Stunde lang in Rage – noch mit allen Klamotten an. Ich hatte seit meiner Teenagerzeit nicht mehr so viel Spaß beim Knutschen. Wir machten uns richtig heiß!

Irgendwann fielen aber die ersten Kleidungsstücke, und auf meiner nackten rechten Schulter saß auf einmal ein Engelchen, das mich lautstark an meine »Kein Sex beim ersten Date«-Regel erinnerte: »Nicht weiter, nicht weiter. Hör auf! Jetzt sofort!«

Doch das Teufelchen auf der linken Schulter raunte: »Du willst doch diesen Mann, und zwar sofort. Du willst ihn spüren!«

Und das Engelchen wieder: »Nein! Du darfst keinen Sex mit ihm haben!«

Es war ein nerviger Kampf, den schließlich das Engelchen gewann. An einem Punkt wusste ich, wenn ich jetzt nicht die Reißleine ziehe, schaffe ich es gar nicht mehr. So bin ich wirklich unverrichteter Dinge nach Hause gegangen. Mit den Worten: »Du kennst meine Regel. Wir treffen uns ganz schnell wieder! Und dann machen wir da weiter, wo wir aufgehört haben.«

Ole hat das respektiert – auch, wenn er frustriert war. Aber im Nachhinein war es das Beste, was ich machen konnte, weil ich ihn dadurch in meinem Bann gezogen habe. Ich glaube, er war auch so fasziniert von mir, weil ich ihn an diesem Abend abgelehnt habe.

Beim zweiten Treffen sind wir dann gleich übereinander hergefallen. Es begann mit einem ausgedehnten Vorspiel. Ich hätte noch Stunden so weitermachen können!

Aber ich bin froh, dass wir doch noch zur Sache kamen. Denn er hat einen wunderschönen Schwanz – so schön, wie der Rest des Mannes. Es macht richtig Spaß, den in den Händen zu halten.

Aber trotz Super-Penis ist der Sex mit ihm nach Schulnoten nur eine solide Drei. Ole genießt sehr gern und liebt es, verwöhnt zu werden. Das mache ich auch gern. Aber es fällt ihm schwer, zu geben. Wäre ich mit ihm in einer Beziehung, hätte ich's ihm schon längst gesagt. Dann hätten wir daran was ändern müssen.

In unserer Situation will ich jedoch nicht groß rumdiskutieren. Deswegen nehme ich die Drei einfach hin. Denn wir haben immer Spaß – und sein Penis steht immer wie eine glatte Eins.

Ole und ich haben inzwischen seit vier Jahren immer mal wieder Sex miteinander. Für uns beide ist es die längste »Beziehung«, die wir bisher in unserem Leben hatten. Wenn auch eine untypische – Ole ist mein »Backup«-Mann. Das hört sich jetzt irgendwie degradierend an, soll es aber nicht sein. Denn auf Ole ist Verlass, wenn ich Lust habe, muss ich ihn nur anschreiben, und dann machen wir für die Woche drauf einen Termin aus. Es ist schön zu wissen, dass da jemand ist, auf den ich zählen kann.

Ich gestehe, es gab einen Zeitpunkt, da hoffte ich, Ole würde mehr werden als mein »Backup«. Ich habe mich anfangs in ihn verknallt, aber ihm ging es leider nicht so. Zunächst versuchte ich meine Bedenken wegzuwischen und sagte mir: Ach, das krieg ich schon hin. Mit nem Mann schlafen, für den *ich* zwar was empfinde, *er* aber nicht für mich. Kein Ding! War es dann aber doch. Ich habe gemerkt, dass ich mehr will, sobald Gefühle im Spiel sind. Mehr Zeit mit ihm. Stunden und Minuten, die nicht nur mit Sex gefüllt sind.

Wir haben das damals geklärt und entschieden, erst einmal Abstand voneinander zu nehmen. Er hatte danach relativ schnell eine feste Freundin, und wir sahen uns nicht mehr. Als er wieder Single war, schrieben wir uns erneut, und seitdem sehen wir uns wieder. Er sagte aber direkt noch mal: »Eine Beziehung mit dir kann ich mir nicht vorstellen. Du bist einfach nicht die Frau, die ich suche.« Da war aber auch für mich schon klar, dass ich nichts Festes mehr mit ihm will. Ich glaube, deswegen funktioniert das zwischen uns jetzt auch schon seit vier Jahren – weil die Fronten geklärt sind.

Mittlerweile weiß ich, dass wir überhaupt nicht zusammenpassen würden. Zunächst, weil er für eine Beziehung einen ganz anderen Typ Frau sucht. Mich würde man als Rubens-Frau bezeichnen, ich habe Rundungen. Sein Ideal ist aber eine dünne Sportfanatikerin. Eigentlich ist es ein Wunder, dass er mit mir Sex hat!

Aber das ist typisch Mann. Ich habe Ole mal darauf angesprochen, und er meinte nur: »Ja, eigentlich mag ich nur schlanke Frauen. Aber dich kenne ich ja und weiß, wie sexy du bist!« Hm …

Ich werde in meinem Leben nicht mehr superschlank und durchtrainiert sein, diese Illusion habe ich hinter mir gelassen. Aber es gibt einen weiteren Grund, warum wir nicht zusammenpassen: Ole ist Veganer, ich aber liebe Fleisch, Käse und Eier. Er ist da rigoros, trägt noch nicht einmal mehr Lederschuhe oder -gürtel.

Vielleicht brauche ich genau dieses Wissen, damit ich mich nicht wieder in ihn verliebe. So funktioniert das mit uns wunderbar. Ole ist der einzige Mann, der konstant ein Teil meines Lebens ist. Wir sind füreinander da, wenn Not am Mann ist – oder an der Frau.

Den absoluten Wahnsinns-Sex aber hatte ich mit Daniel. Vom Aussehen her ist er das Gegenteil von Ole – gar nicht mein Typ! Daniel hat eine Glatze, ist schlaksig und blass. Wenn ich 20 Männer zur Auswahl gehabt hätte, wäre er der Optik nach bestimmt nicht der gewesen, den ich mir ausgesucht hätte.

Aber er wurde sexy durch das, was er gesagt hat. Daniel ist unglaublich kreativ, wortgewandt und kann toll schreiben. Wir haben uns schon vor unserem ersten Treffen via Handy heiß gemacht – neudeutsch heißt das ja wohl Sexting. Wir haben geschrieben, was wir tun würden und wie sich das anfühlen würde, und uns so in Ekstase gebracht. Es hat seinen Reiz, wenn man seiner Fantasie freien Lauf lassen kann. Man wagt definitiv mehr als im echten Leben!

Bei unserem ersten Date lief nämlich noch gar nichts. Wir trafen uns in einem Café, haben uns prima verstanden, aber uns am Ende noch nicht einmal ein Abschiedsküsschen gegeben. Irgendwie passte das nicht. Es gab nur eine Umarmung. Ich dachte noch: »Hoffentlich meint er jetzt nicht, ich hätte kein Interesse!« Das hatte ich nämlich – ganz gewaltig! Er aber zum Glück auch. Wir trafen uns zügig wieder, und es ging rund.

Der Sex war gut, aber einen Orgasmus hatte ich trotzdem nicht. Ich sagte Daniel, dass das bei mir schwierig ist. Dass ich nur einen Orgasmus bekomme, wenn ich wirklich das Gefühl habe, mich fallen lassen zu können. Aber Sex wird für mich nicht nur durch einen Orgasmus gut, den brauche ich nicht unbedingt. Allerdings wäre ich enttäuscht, wenn ein Mann bei mir keinen bekommen würde. Auch lustig, dass ich da mit zweierlei Maß rangehe …

Daniel hatte bemerkt, dass ich nicht zum Höhepunkt gekommen war, und meinte lächelnd: »Challenge angenommen. Das kriegen wir schon hin!«

Der Sex wurde mit jedem Treffen besser, intensiver. Weil wir uns die Zeit genommen haben, uns körperlich kennenzulernen. Er war sehr einfühlsam und superbemüht. Am Ende bin ich jedes Mal gekommen! Dafür hat Daniel von mir eine Eins plus mit Sternchen verdient.

Ich habe mit ihm sexuell viel Neuland betreten, er war sehr offen und entdeckungsfreudig. Daniel war zum Beispiel der erste Mann, den ich je gefesselt habe. Wir hatten das vorher beide noch nicht gemacht, trotzdem klappte es prima, und ich packte am Ende noch eine Überraschung oben drauf. An diese Premiere denke ich immer noch gern zurück:

Statt klobiger Handschellen habe ich mir weiche Manschetten aus Stoff besorgt, die ich per Klettverschluss an Daniels Handgelenken festzurre. Die Manschetten binde ich dann an den Eisenverstrebungen meines Bettes fest – sodass er sich nicht bewegen kann und mich nicht berühren kann. Ich schiebe ihm noch eine Art Schlafmaske über die Augen, damit er nichts sieht. Er muss sich ganz aufs

Hören, Spüren und Küssen konzentrieren. Dass *ihn* das scharf macht, ist klar.

Aber auch ich bin angetörnt, weil ich jetzt mit ihm machen kann, was ich will. Das ist sehr aufregend! Ich bringe eine Feder ins Spiel, mit der ich ihn immer wieder zum Erschauern bringe. Ich küsse ihn am ganzen Körper, arbeite mich langsam von oben nach unten. Als mein Mund sein Glied berührt, ist es schon knallhart. Ich muss kaum noch was machen, und er kommt unter lautem Stöhnen.

Doch damit ist das Spiel noch nicht vorbei. Ich lasse ihn festgebunden liegen, und als er wieder zu Atem gekommen ist, frage ich ihn: »Willst du zuhören, wie ich es mir mache?« Seine Antwort ist wie erwartet, und ich lege los. Wenige Minuten später komme auch ich und höre, wie schnell seine Atmung geworden ist.

Er sagt nachher begeistert: »Das war krass, dir zuzuhören, aber dich dabei weder sehen noch berühren zu können.« Ich fand's auch cool. Vor allen Dingen, weil ich mir diese Aktion spontan ausgedacht hatte. Wieder was getraut! Wieder ein Stück Mut dazugewonnen!

An einem anderen Abend verwöhnt Daniel mich mit einer Massagekerze. Als er sie anzündet, duftet sie nach Kokos – allein das ist schon aphrodisierend. Ich lege mich genüsslich auf den Bauch und lasse ihn machen. Er wartet, bis das erste Wachs geschmolzen ist und sich in flüssiges Öl verwandelt, das er dann sachte auf meinen Rücken tröpfelt. Was für ein Gefühl! Es ist wärmer als meine Haut, aber nicht zu heiß. Mit gekonnten Bewegungen verstreicht Daniel es auf meinen Schulterblättern, meinen Armen und sehr ausgiebig auf meinem Po. Immer wieder lässt er einen feinen warmen Wachs-Strahl auf mich niederprasseln und massiert ihn ein.

Als ich mich umdrehe, landen die ersten Tropfen auf meinen Nippeln und sorgen dafür, dass die sich blitzartig aufrichten. Daniel gießt und massiert, gießt und massiert, träufelt dann eine Ölspur von oben nach unten in Richtung meines Schambereichs. Weiter kommt er nicht, denn wir sind beide so geladen, dass ich ihn bitte, die Kerze beiseitezustellen. Hach, das war schön ...

Mein absoluter Favorit unter den Sextoys ist allerdings der Penis-Sleeve. Den schenkte mir ein Erotik-Versand gratis bei einer Bestellung dazu, ansonsten wäre ich nicht draufgekommen. Was wäre mir da entgangen! Es handelt sich hierbei um eine Hülle aus Silikon, die man über das steife Glied streift. Der Sleeve bedeckt nur den Schaft, die Eichel liegt frei. Er sitzt eng drauf – muss er ja auch, damit er nicht bei jedem Stoß runterrutscht.

Die Ausführung, die ich Daniel überziehe, ist recht dick und hat große Noppen. Sie ist dehnbar wie ein Kondom, daher ist das Überstülpen einfach. Der Sleeve macht den Penis voluminöser, und gleich beim ersten Eindringen drehe ich fast durch. Die Größe! Die Textur! Einfach Wahnsinn!

Wir Frauen spüren ja von der Beschaffenheit eines Glieds normalerweise nicht wahnsinnig viel. Doch durch die Noppen ist die Reibung natürlich viel größer. Plötzlich glaube ich doch daran, dass es einen G-Punkt gibt, denn der scheint gerade sehr stark stimuliert zu werden. Das ist der absolute Super-Sex! Ich werde so wild wie nie zuvor und erlebe einen Mega-Orgasmus. Noch Minuten später rollen Wellen der Lust durch meinen Körper.

Daniel und ich sind begeistert vom Sleeve: Er, weil ich davon so scharf werde. Und ich, weil dieses kleine Spielzeug routinierte Bewegungen für mich revolutioniert. Es fühlt sich an wie Sex mit einem Cyborg: ein echter Penis mit Dildo-Aufsatz. Besser geht's nicht! Der Sleeve kam danach noch oft zum Einsatz.

Ich glaube, dass ich mit Daniel sicher noch geilere Höhepunkte hätte erleben können. Aber unsere Liaison dauerte nur ein Jahr, dann lernte er seine jetzige Freundin kennen. Wir brachen den Kontakt nicht ab, polten aber unsere Beziehung zueinander um. Seit zwei Jahren sind Daniel und ich nur noch Freunde – ohne gewisse Vorzüge. Aber auch das funktioniert richtig gut. Erst hatte ich mit ihm guten Sex, jetzt gute Gespräche – eine Win-win-Situation. Dass das über so ein Portal funktioniert, hätte ich nicht gedacht.

Ich erinnere mich noch häufig daran, wie schön der Sex zwischen Daniel und mir war. Aber das ist nichts, was unsere Freundschaft belastet. Wir gehen ins Kino oder Kaffeetrinken. Daniel hat mir geholfen, meine neue Couch im Möbelladen abzuholen. Wir reden immer noch sehr offen und ehrlich miteinander, auch über die Frage, warum ich keinen festen Partner finde. Denn es ist so: Die Typen wollen gern Sex mit mir – aber es bleibt keiner für mehr. Daniel versteht mich da sehr und fühlt mit. Das tut gut.

Er hat mir gebeichtet, dass der Sex mit mir wesentlich aufregender war, als er es jetzt mit seiner Freundin ist. Mit ihr sei es im Bett eher langweilig. Aber das ist für ihn kein Trennungsgrund.

Seine Freundin kommt mit mir überhaupt nicht klar, weil Daniel ihr gesagt hat, dass wir Sex miteinander hatten.

»Warum hast du nicht einfach behauptet, wie wären nur Freunde?«, fragte ich ihn.

»Ich wollte ehrlich sein«, antwortete er.

Das ist löblich.

Aber seitdem hasst mich diese Frau, und das ist schade. Hätte er mich als Kumpel vorgestellt, wäre alles ein bisschen entspannter. Aber das war seine Entscheidung.

Beziehungskisten sind eben nicht einfach. Ich glaube, dass die Männer zwischen 30 und 45 zu einer schwierigen Generation zählen. Ich merke immer wieder, dass sie sich nicht wirklich binden wollen. Heutzutage will sich niemand mehr festlegen. Alle warten darauf, dass noch was Besseres um die Ecke kommt.

Manchmal lerne ich Männer kennen, mit denen ich mich von Anfang an super verstehe. Gerade vor zwei Wochen habe ich das wieder erlebt: Da hatte ich mit einem zwei großartige Dates, wir haben viel gequatscht und gelacht. Festgestellt, dass wir etliche Gemeinsamkeiten haben, und dass wir unabhängig voneinander die gleichen Träume haben, die wir uns in Zukunft zusammen erfüllen könnten. Doch danach kam auf einmal nichts mehr von ihm. Bis ich ihn ganz direkt fragte: »Stimmt was nicht? Wenn du kein Interesse mehr hast, dann sag es doch einfach!« Dieses Ghosten ist ganz schlimm in Mode. Da wird einfach nicht mehr reagiert, der Kontakt zu einer Person von heute auf morgen eingestellt. Ätzend!

Ich erhielt von diesem Typen immerhin noch eine Antwort, aber die klang eher wie die Absage für eine Praktikantenstelle: »Du, ich hab mir noch mal Gedanken gemacht. Ich möchte von einem weiteren Treffen absehen.«

Was ist nur los mit den Männern? Wie kann man am Anfang Feuer und Flamme sein und dann – peng – ist alles weg? Ich verstehe nicht, was da bei denen im Kopf passiert.

Einmal habe ich versucht, Sex wie ein Kerl zu haben. Man sagt ja immer, dass Männern das auch ohne jegliche Gefühle gelingt.

An einem Abend wage ich das Experiment. Ich will herausfinden: Kann ich das auch? Funktioniert das überhaupt? Und wenn ja: wie? Ist dieser Sex dann befreiter? Und besser?

Ich treffe mich mit einem Online-Date in einer Bar auf dem Kiez. Ein echter Rocker mit Vollbart, den finde ich gleich toll. Das ist der ausschlaggebende Punkt, denn ich kann mir nur nehmen, was ich will, wenn ich den Typen auch wirklich heiß finde. Ansonsten kommen gleich Zweifel auf: Ist das jetzt der Richtige? Und mache ich das Richtige? Dann bin ich schon wieder viel zu viel Frau und voll mit dem Kopf dabei.

Bei ihm weiß ich gleich: Den will ich! Gesagt, getan. Nachdem wir ein paar eiskalte Astra-Flaschen geleert haben, lade ich ihn zu mir ein. Dort übernehme ich die Führung, ich bin sehr aktiv, viel in Bewegung. Ich knutsche, wechsle die Stellung, setze mich auf ihn und küsse ihn hart. Er spürt die Hitze zwischen meinen Beinen und wird richtig geil. Er will mich! Aber ich lasse ihn zappeln, heize ihn lieber weiter und weiter an.

Bis ich schließlich zum Finale bereit bin – und dann nehme ich ihn mir. Ich gebe wieder den Ton an: So will ich es, von hinten. Mach jetzt! Da lasse ich den Macho raushängen. Das funktioniert natürlich nur bei einem Typen, der nicht total dominant ist. Aber in dem Fall passt es, und er nimmt es gern an, dass ich so bestimmend bin.

Weil wir uns schon so aneinander gerieben haben und ich mit dem Mund gut vorgearbeitet habe, dauert der eigentlich Akt nicht lange. Und er ist auch nicht der beste, den ich je erlebt habe. Aber ich gehe raus mit dem Gedanken: Ich habe mir das genommen, was ich wollte. Ohne Wenn und Aber. Mir war's egal, ob er einen Orgasmus hat oder nicht. Ob er das Gefühl hat, er kommt zu kurz. Hauptsache, mir geht's gut!

Ich habe danach zum ersten Mal nicht den Drang, mich sofort bei ihm zu melden. Oder den Kontakt aufrechtzuhalten und eine Bindung herzustellen. So bin ich sonst immer. Aber diesen Mann lasse ich einfach ziehen, und das ist okay so.

Sex wie ein Kerl zu haben hat so extrem nur einmal funktioniert. Denn oft kamen eben doch Gefühle ins Spiel. Aber es war eine interessante Erfahrung, die ich ohne dieses Portal nicht gemacht hätte. Schließlich kann ich nicht einfach in eine Kneipe gehen und sagen: »Hey, willst du ficken?« Das wäre mir zu plump. In dem Fall würde ich rein nach dem Äußeren gehen. Aber nur, weil ein Mensch gut aussieht, ist der Sex mit ihm nicht unbedingt gut.

Mit 30 habe ich mir den ersten Mann im Internet gesucht. Jetzt bin ich 35 und merke, dass mir die Unverbindlichkeit meiner Affären, die ich anfangs so liebte, langsam auf den Keks geht. Ich hätte tatsächlich gern mal wieder ein bisschen Verbindlichkeit oder Sex mit jemandem, der mich wirklich liebt. Diese Phase neigt sich also dem Ende zu. Aber sie war wahnsinnig wichtig.

Denn ich traue mich jetzt, Sex auch losgelöst von einer Beziehung zu haben. Wenn ich Bock drauf habe, hole ich ihn mir einfach. Diese Freiheit hatte ich vorher nicht, denn ich blockierte mich gedanklich selbst. Weil ich den Satz im Kopf hatte: Sex kann man nur haben, wenn man sich liebt. Doch dieses Konzept ist für mich nicht mehr lebbar. Ich warte nicht mehr jahrelang auf Sex. Und das macht meine Freiheit aus.

Auch der Sex an sich ist freier geworden und nicht mehr so kopflastig. In Gedanken war ich früher schon experimentierfreudig, aber ich habe mich nicht getraut, meine Ideen auszuleben.

Heute habe ich den Mut, meine Wünsche auszusprechen. Das hat sicher auch etwas mit dem Alter zu tun. Mit 20 wäre ich wohl noch nicht so weit gewesen, doch jetzt bin ich erwachsen und möchte auch erwachsenen Sex haben. Dazu gehört, dass ich sage, wenn mir was nicht gefällt, Im Gegensatz zu früher. Da wäre mir nie eingefallen, in einer Beziehung zu sagen: »Du Schatz, mein Kitzler ist eigentlich zwei Zentimeter weiter oben.«

Bei einer Affäre hatte ich nichts zu verlieren. Ich musste

keine Angst haben, jemanden zu enttäuschen. Fragte mich nie: Bin ich jetzt zu aggressiv? Zu dominant? Zu frech? Diese Gedanken gab es nicht. Das hat mich verändert.

Es ist absurd, denn eigentlich sollte man gerade dem Menschen, den man liebt, die Wahrheit sagen. Aber man möchte demjenigen ja unbedingt gefallen. Dann ist da noch dieses alte Sprichwort: Männer gehen mit der Hure ins Bett und heiraten die Heilige. Das stimmt tatsächlich! Genauso war's auch bei vielen Männern, auf die ich mich eingelassen habe und die danach eine feste Partnerin gefunden haben.

Sie haben ihre Heilige zu Hause – die sie aber leider nicht ranlässt. Alle halbe Jahre gibt's zehn Minuten Blümchensex. Dabei verzehren sich diese Männer danach, mal eine dominante, starke, emanzipierte und sexuell befreite Frau im Bett zu haben. Ich würde behaupten, dass inzwischen das meiste davon auf mich zutrifft. Dementsprechend begeistert sind sie auch. Stellt sich die Frage: Warum bleiben sie dann trotzdem bei ihrer Heiligen?

Vielleicht sieht es in 100 Jahren schon ganz anders aus. Weil wir Frauen uns bis dahin weiter gelöst haben von unserer Hausmütterchenrolle. Frauen waren zu lange nur Hausfrauen und Mütter, durften gar nichts anderes sein. Ich glaube, wir sind mitten in einem Wandel, aber die alten Muster stecken noch zu sehr in uns drin.

Ich erzähle nicht jedem von meinen Erlebnissen, natürlich auch aus Angst, als Flittchen abgestempelt zu werden. Denn Spaß haben dürfen nur die Männer. So sind wir von der Gesellschaft her geprägt.

Meine engsten Freunde wissen, wie ich an meine Männer komme. Ihnen gegenüber rede ich unverblümt darüber, wenn ich mal wieder jemanden kennengelernt habe. Ich spreche gern über tolle Orgasmen, aber auch über die Frösche zwischen den Prinzen.

Manche Paare, die sich online verlieben, denken sich eine ganz andere Kennenlerngeschichte aus – nur, um nicht blöd dazustehen. Aber ich finde das heutzutage ganz normal. Das Internet ist für meine Generation der wichtigste Ort, um potenzielle Partner zu treffen. Dementsprechend reihe ich mich da nur ein.

Auf der Seite, auf der ich unterwegs bin, sucht eigentlich kaum jemand eine feste Beziehung. Einer, mit dem ich mal was hatte, versucht es jetzt trotzdem. Er macht das ganz bewusst, weil ihm Sex in einer Beziehung sehr wichtig ist. Für ihn ist er ein Bestandteil, über den man von Anfang an offen reden sollte. Und da hat er absolut recht! Ich werde es in Zukunft tun. On- und offline.

Aber auch, wenn vieles digital abläuft, eine Sache mache ich noch ganz *oldschool*: Ich führe eine handgeschriebene Liste, auf der alle Männer stehen, mit denen ich jemals im Bett war. Ich habe in meinem Leben schon so viele Dates gehabt, und bei 90 Prozent der Männer kann ich mich nicht mehr an den Namen erinnern. Bei meinen Sexpartnern sollte nicht dasselbe passierten. Das wäre doch zu schade! Schließlich hat man einen intimen Moment geteilt, hat sich geöffnet, da sollte man sich doch zumindest den Namen merken.

Ich schreibe jeden auf, ob er nun gut war oder schlecht. Dahinter kommt das Jahr.

Klar, wenn ich ne Frau wäre, die seit dem Teenageralter nur mit drei Männern was hatte, bräuchte ich keine Liste. Aber bei mir waren es eben ein paar mehr. In den letzten fünf Jahren genau 15, die ich alle online kennengelernt habe.

Wenn ich mir die Liste mit 80 Jahren mal anschaue, kann ich mich dank ihrer an Ole, Daniel und all die anderen erinnern – und dann sitze ich wieder in der Achterbahn der Gefühle. Im Seniorenheim wird's mir ganz bestimmt nicht langweilig.

# Mein Mr. Right ist 15 Jahre jünger als ich!

## Nadine, 51

*Ich will dich hier haben! Du füllst diese Räume mit Herz, Liebe und Freude. Dass du mich immer liebst und glücklich machst, fühl ich bis hierher. Seit ich dich kenne, bin ich einfach nur zufrieden. Dafür knutsche ich dich endlos! Der Tag wird kommen, an dem du bei mir bleibst …*

Das ist eine Nachricht von Fabio. Eine von über 2000, die wir uns in den vergangenen sechs Monaten übers Handy geschickt haben. »Mein Gott, ist der romantisch«, hat meine beste Freundin Melanie gesagt, als ich ihr ein paar davon gezeigt habe. Melanie kenne ich seit 23 Jahren. Mit ihr kann ich über alles reden, sie kennt jedes noch so kleine Detail in meinem Leben. Melanie ist meine Seelenverwandte, und sie ist schon lange glücklich verheiratet. Aber bei diesen Zeilen staunte auch sie: »So was habe ich noch nie von einem Mann gelesen!«

Ich ehrlich gesagt auch nicht. Und das, obwohl ich mit 51 schon einiges erlebt habe – aber vieles eben leider auch nicht. Bei mir ist das nämlich so: Ich bin gern für andere da und helfe ihnen. Daher liebe ich meinen Job als Betreuungs-Assistentin für Demenzkranke und alte Menschen. Leider hatte ich aber auch privat immer nur »Pflegefälle« – also Männer, die ständig meine Hilfe brauchten. Für die ich alles gegeben habe, wirklich alles. Ich habe geputzt, gewaschen, gekocht, eine Tochter großgezogen und auch im Bett viele Wünsche erfüllt.

Nur leider kam kaum was zurück. Weder mal ein selbstgemachtes Frühstück, noch Blumen – geschweige denn ein von Herzen kommendes »Ich liebe dich!« oder eine Umarmung zwischendurch. Mir fällt es schwer, so was einzufordern, schließlich bin ich mein ganzes Leben lang die Starke gewesen. Ich kenne es einfach nicht, dass jemand mal was für mich macht. Aber manchmal hätte auch ich mich gern angelehnt.

Lustig, dass ich genau das jetzt kann – bei einem Mann, der 15 Jahre jünger ist als ich! Als Fabio mich über das Dating-Portal anschrieb, war ich schon ein gutes Jahr dort registriert. Ich hatte einen Werbespot im Fernsehen gesehen, in dem von »sinnlichen Abenteuern« die Rede war, und wollte einfach mal wissen, was da so los ist. Es hat mich neugierig gemacht. Um eines klarzustellen: Ich bin keine, die am ersten Abend mit jemandem in die Kiste springt. Für mich ist das dazugehörige Gefühl sehr wichtig. Bei mir muss vorher einiges laufen, damit dann auch im Bett was läuft.

Daher schrieb ich in mein Profil: *Ich stehe nicht auf One-Night-Stands*. Damit jeder gleich weiß, wo er bei mir dran ist. Und auch folgender Zusatz war mir wichtig:

*Männer, die nicht kommunikativ sein können oder wollen, brauchen mich gar nicht erst anzuschreiben.*

Ich klickte an, dass ich an einer »Freundschaft plus« interessiert sei oder an einer »andauernden Affäre«, und war gespannt, wer mich alles anschreiben würde.

Meine Erfahrung auf anderen Portalen, bei denen es eigentlich um feste Beziehungen ging, war bisher ehrlich gesagt furchtbar gewesen. Nach dem ersten »Hallo« kamen da oft schon Fragen wie: Auf welche Stellung stehst du? Oder: Magst du's auch anal? Ich dachte, was ist denn mit den Männern los? Denken die echt nur an das eine?

Zu dem Zeitpunkt war ich schon seit acht Jahren Single – wahrscheinlich auch, weil ich nicht mehr bereit war, Kompromisse zu machen. Ich wollte keinen geizigen Mann. Keinen launischen und keinen egoistischen. Nach einer gescheiterten Ehe und einer fünfjährigen Fernbeziehung, die mich am Ende in eine tiefe Krise stürzte, schwor ich mir: Entweder, es kommt der, bei dem alles passt – oder ich bleibe allein. Ich war innerlich schon stark auf eine Solo-Zukunft vorbereitet …

Über das Dating-Portal bekam ich schnell ein paar Hundert Zuschriften, mein Postfach war jeden Tag voll. Überraschenderweise waren die Nachrichten hier sehr zurückhaltend und nett. Mit vielen Männern schrieb ich eine Zeit lang hin und her. Aber ich lebe in Bielefeld, und diejenigen, die ich wirklich interessant fand, wohnten alle weit weg: in Frankfurt, Bayern oder sogar in der Schweiz. Da ich schon eine Fernbeziehung hinter mir hatte, dachte ich: Was soll ich mit denen? Ich will nicht schon wieder für die Liebe durch die Weltgeschichte gondeln müssen und jemanden nur alle vier Wochen sehen. Deswegen wies ich diese Kandidaten letztendlich ab. Nichtsahnend, dass mein Traummann auch in ziemlicher Ferne auf mich wartete …

Fabio meldete sich bei mir, weil ihm mein Profilfoto so gut gefiel. Ich hatte ein Urlaubsbild hochgeladen, das mich auf Fuerteventura zeigt. Ich sitze lachend auf einer Mauer, mein Haar weht im Wind, und im Hintergrund sieht man Sonne, Strand und Meer.

*Was für ein sympathisches Lächeln!*, schrieb er. *Du bist bestimmt auch eine Sonnenanbeterin, oder? Wo warst du da im Urlaub? Was ist dein Lieblingsland?*

Ich sah mir sein Profilfoto an. Voll mein Typ! Fabio ist Halb-Italiener, hat seine Haare ganz kurz geschoren. Entlang der Wangen zieht sich ein feiner Bartstreifen bis unters Kinn. Nicht nur seine Lippen lachen, sondern auch seine großen braunen Augen. Die haben mich gleich umgehauen. Ich dachte: Wenn der dir gegenüberstehen würde, könnte er dir ganz schön gefährlich werden.

Später entdeckte ich weitere Pluspunkte – Fabio ist zum Beispiel sehr ordentlich, kann kochen und macht auch seine Wäsche selbst! Damit hatte er den Partnern, mit denen ich bisher zusammen war, einiges voraus. Seine Mutter, die leider schon verstorben ist, sagte: »Bei mir geht kein Junge aus dem Haus, der seinen Haushalt nicht allein schmeißen kann. Die Zeiten, in denen die Frauen alles machen müssen, sind vorbei!« Für diesen Erziehungsansatz bin ich ihr sehr dankbar. Auch dafür, dass Fabio starke Frauen schätzt, die sagen, was sie wollen – und was nicht. Genau damit können viele Männer ja bekanntermaßen nicht umgehen. Fabio schon. Denn seine Mama, die er sehr liebte, gehörte genau zu dieser Sorte Frau.

Doch selbst ohne dieses Hintergrundwissen kam mein Herz in Fahrt – allein beim Anschauen seines Fotos. Allerdings wurde es gleich von zwei roten Ampeln in meinem Kopf zur Vollbremsung gezwungen. Erstens: die Entfernung. Fabio lebte in Zell, in der Nähe von Zürich. Viel zu weit weg für meinen Geschmack! Und auch er hatte auf seinem Profil angeklickt, dass er eine Frau im Radius von 50 Kilometern suchte.

*Ich glaube, diese Vorgabe sprenge ich. Zwischen uns beiden liegen eher 800 Kilometer,* tippte ich in den Computer.

Es dauerte nur einen Moment, bis von ihm zurück kam: *Nein, viel weniger: Es sind nur 677!*

Er hatte es extra online nachgeschaut. Der macht sich aber ganz schön Mühe, dafür, dass wir hier gerade mal die ersten Sätze austauschen, dachte ich.

Während der nächsten Tage schickten wir uns eine Botschaft nach der anderen. Wir hatten uns immer etwas zu erzählen, das Textfenster auf dem Bildschirm blieb nie leer. Aber irgendwann konnte ich nicht anders und wies Fabio auf die zweite rote Ampel hin, die in meinem Kopf alarmierend blinkte: sein Alter. 36 stand groß und deutlich in seinem Profil. Diese Zahl jagte mir einen ganz schönen Schrecken ein. Denn ja, wenn ich die Wahl habe, würde ich mir immer einen jüngeren Partner aussuchen. Sorry, aber es ist doch so: Viele Männer in meinem Alter haben Bierbauch, Glatze und sind alles andere als agil.

Da habe ich einfach keinen Bock drauf. Aber gleich 15 Jahre jünger?

Das war mir doch ein bisschen viel. Zweifel stiegen in mir auf. Auf dem Foto gefiel ich Fabio zwar, aber würde das auch noch so sein, wenn er mir live gegenüber stand? Mein Kopfkino zeigte mir gleich Szenen aus der Zukunft, in der ich noch älter und runzlig neben diesem knackigen Kerl durchs Leben schritt.

*Hast du mein Alter gesehen?*, fragte ich ihn daher.

*Na klar,* antwortete er. *Aber das spielt für mich keine Rolle. Wichtig ist doch, dass es menschlich passt.*

Wow! Was für eine vorbildliche Antwort. Aber noch war meine Vernunft stärker als mein wild pochendes Herz. Sie gab dieser Verbindung keine wirkliche Chance.

Im Gegensatz zu Fabio – er blieb hartnäckig und fragte mich, ob wir uns trotzdem weiter über WhatsApp schreiben könnten. Ich gab ihm meine Nummer – was sich als eine der besten Entscheidungen meines Lebens entpuppte. Denn in den folgenden sechs Wochen schrieben wir uns mehrmals täglich übers Handy. Gleich morgens nach dem Aufwachen, zwischendurch in der Pause, beim Zähneputzen ... Ping, ping, ping! Bis wir so ziemlich alles voneinander wussten: Vorlieben, Charakterzüge, alles. Es entstand ein unheimliches Vertrauen, trotz der vielen Kilometer zwischen uns. Trotz der vielen Jahre zwischen uns.

Immer wieder lud Fabio mich zu sich in die Schweiz ein.

*Es ist doch nichts Schlimmes dabei,* schrieb er. *Komm schon, es ist nur ein Wochenende! Vielleicht entwickelt sich gar nicht mehr zwischen uns. Aber ich möchte dich jetzt endlich auch mal treffen.*

Natürlich sprach ich mit meiner Freundin Melanie darüber. Ich sagte: »Ich habe Angst. Stell dir vor, ich verliebe mich in ihn! Oder das Gegenteil passiert: Wir haben uns nichts zu sagen!«

Aber sie beruhigte mich: »Wenn man sich so schreibt wie ihr, kann das nur gut gehen. Ihr habt euch doch immer was zu erzählen. Das wird bestimmt witzig.«

Sie hatte recht. Also sagte ich schließlich zu – und war auf dem Weg zum Flughafen schon so aufgeregt, dass ich am ganzen Körper zitterte. Vor Freude. Aber auch ein bisschen vor Angst. Denn ich wusste, dass wir uns verknallt hatten. Obwohl wir uns noch nicht einmal gegenüber gestanden hatten!

Ist das nicht ein bisschen verrückt? Dieser Gedanke ging mir durch den Kopf, als ich in Zürich die Maschine verließ. Worauf hatte ich mich da nur eingelassen?

Als sich die Schiebetür zum Terminal öffnete, sah ich mich einer riesigen Menschentraube gegenüber. Wie sollte ich Fabio nur finden? Was, wenn er gar nicht da stand? War das alles vielleicht doch nur ein großer Fehler? Meine Panik wuchs ins Unendliche. Doch gerade, als ich fast schon wieder kehrtmachen wollte, sah ich zwischen den vielen fremden Gesichtern die großen braunen Augen, in die ich schon so oft auf Fotos geschaut war. Fabio entdeckte mich im selben Moment, lächelte, und schon wieder zitterte ich am ganzen Leib.

Er stürmte auf mich zu, und bevor ich überhaupt darüber nachdenken konnte, was jetzt wohl die richtige

Begrüßung wäre, pressten sich seine Lippen schon auf meine. Und zwar nicht nur für ein kurzes »Hallo«-Küsschen. Nein, seine Lippen waren warm und weich – und fordernd. Er küsste mich so, als wären wir schon wochenlang ein Paar. Seine Zunge suchte meine, und ich fand das gar nicht anmaßend oder eigenartig, sondern einfach nur schön. Ich fühlte mich wie in einem romantischen Hollywoodstreifen. Alle Geräusche um uns herum verstummen, und ein romantischer Soundtrack schien das Ganze zu untermalen. Was für ein Happy End!

Für uns war dieser Moment aber kein Ende, sondern der Anfang. Arm in Arm liefen wir zum Fahrstuhl, quetschten uns gerade noch in die volle Kabine. Fabio dreht sich zu mir, nahm mein Gesicht in seine Hände und küsste mich schon wieder intensiv. Als wären wir völlig allein! Da haben natürlich alle große Augen gemacht, aber uns war das egal. Später hat mir Fabio gesagt, dass für ihn schon vor unserem ersten Treffen klar war: Diese Frau ist es. Er hatte keinen Zweifel.

Und das ließ er mich auch spüren. Bei der Autofahrt zu seiner Wohnung hielt er meine Hand. Wir fuhren einen Berg hinauf, durch tiefen Wald, vorbei an Wiesen und Bauernhöfen.

Fabio wohnt im höchstgelegenen Haus von Zell. Es ist über 200 Jahre alt und drinnen genauso urig wie draußen – viel knarziges Holz, im Wohnzimmer strahlt ein alter Kachelofen Wärme aus, und vor dem Fenster wartet eine Postkartenidylle mit Bergen und grasenden Kühen.

Nach unserer stürmischen Begrüßung hätte man meinen können, dass wir hinter der geschlossenen Wohnungstür gleich hemmungslos übereinander hergefallen wären. Aber wir schalteten einen Gang runter, und das gefiel mir ziemlich gut. Fabio hat erst mal was für mich gekocht. Was, weiß ich gar nicht mehr genau, es waren wohl irgendwelche Nudeln. Ich war viel zu perplex über diese Premiere – für mich hatte vorher noch nie ein Mann gekocht! Und es schmeckte wunderbar.

Wir quatschten und lachten stundenlang, schließlich zeigte er mir den Rest seiner Wohnung, auch das Schlafzimmer, zu dem eine Treppe hinaufführt. Und ja, da ging's dann weiter. Wir haben uns wieder geküsst, seine Hände wanderten über meinen Körper und umgekehrt. Aber wir ließen alle Klamotten an, was dazu führte, dass wir nach einer Stunde des wilden Rumknutschens völlig verschwitzt waren und deshalb lachend eine Trinkpause einlegten.

Das gefällt mir an Fabio: Wir haben immer einen riesigen Spaß miteinander, nehmen nichts bierernst. Bis in die späte Nacht hinein saßen wir zusammen am Küchentisch und redeten über uns und den Rest der Welt. Ich fand diese Pause schön. Denn dadurch merkte ich, dass dieser Mensch wirklich Interesse an mir hatte. Der wollte eben nicht nur das Eine.

Das Eine ist in dieser Nacht dann doch noch passiert. Es war zwar schön, aber zugegebenermaßen waren wir beide so aufgeregt, dass wir uns noch nicht richtig fallen lassen konnten. Am nächsten Morgen hatte sich die Anspannung dann gelegt. Nach dem Aufwachen bereitete uns Fabio ein schönes Frühstück zu, wir machten es uns im Bett gemütlich und redeten wieder viel. Liebe geht durch den Magen, sagt ein Sprichwort. Tja, und bei mir geht Sex eben durch den Kopf. Je mehr ich von meinem Gegenüber weiß, je mehr ich ihn schätze, mit ihm lache und mich mit ihm austausche, desto erregender finde ich das. Für uns ging es an diesem Morgen in die zweite Runde – und die war dann richtig gut.

So gut, dass Fabio und ich inzwischen ein Ritual daraus gemacht haben: Wenn wir zusammen aufwachen, gucken wir uns an, küssen uns zärtlich und haben noch vor dem ersten »Guten Morgen« Sex. Keiner würde aufstehen und sagen: »Ich muss jetzt erst duschen und Zähne putzen.«

Wenn ich gerade nicht bei Fabio bin, schickt er mir eine Nachricht: *Komm, kuschel dich an mich. Bevor wir zur Arbeit gehen, haben wir geilen Sex, dann beginnt der Tag gleich gut.*

Beim Sex lief es für mich früher wie sonst auch in meinem Leben: Ich musste die Initiative ergreifen, ich war der Motor und dafür zuständig, etwas zu tun, was dem anderen gefällt. Deswegen habe ich mir auch im Bett ständig einen Kopf gemacht: Mag er das jetzt? Mache ich das richtig? Was könnte ich besser machen? Meine eigene Lust und was ich will, spielte dabei keine erkennbare Rolle. Ich kam immer zu kurz. Mit Fabio passiert mir das nicht mehr. Wenn ich in seinen Armen liege, denke ich nämlich gar nicht groß nach. Jede Bewegung ist innig und leidenschaftlich – nicht geplant, sondern intuitiv. Alles läuft von selbst. Ich genieße, statt zu grübeln. Ich bin für nichts zuständig oder verantwortlich, muss nicht mehr die »Bespaßdame« spielen.

Oft geht das Ganze von Fabio aus. Wenn er wach wird, streichelt und küsst er mich überall. Er hat einen tollen Körper, ist durchtrainiert. Alles an ihm ist glatt und straff – ein Traum! Ich habe für mein Alter auch eine gute Figur, aber natürlich habe ich Falten. Früher hätte ich dafür gesorgt, dass ein Mann bestimmte Makel – zumindest die Stellen, die ich dafür halte – nicht sieht. Aber auf die Idee komme ich bei Fabio nicht. Er sagt: »Für mich hast du die schönste Figur, die ich mir nur vorstellen kann. Ich liebe alles an dir!«

Manchmal sitzen wir gerade gemütlich beim Essen, und plötzlich flüstert er mir zu: »Weißt du eigentlich, wie sehr ich dich liebe? Dein Lachen, deine strahlenden Augen, deinen Humor …« Fabio liebt mich abgöttisch und zeigt mir das auch.

Wenn du das erlebst, kannst du dich richtig gehen lassen. Das erste gemeinsame Wochenende war schon toll. Aber danach wurde der Sex immer intensiver. Wir trauten uns mehr und mehr, zu sagen, was wir wollen. Zwischen den Laken zeigt Fabio nicht nur seine liebe Seite, da ist er komplett hemmungslos und fasst mich auch mal härter an. Nicht »50 Shades of Grey«-mäßig. Aber so, dass ich spüre, ich mache ihn total verrückt. Dieses Gefühl kannte ich noch nicht. Fabio ist mein Beweis dafür, dass das Blatt sich jederzeit wenden kann. Auch wenn du denkst, dass du gerade in der dunkelsten Sackgasse hockst. Ohne Licht – und der Rückwärtsgang ist auch noch kaputt.

Mein Leben wurde in diesem Jahr in nur einem Monat völlig auf den Kopf gestellt.

Hinter mir liegt eine wirklich schlimme Zeit. Vor zwölf

Jahren hatte ich schon mal eine Bandscheiben-OP, und vor zwei Jahren riss die Bandscheibe dann völlig ab. Sie musste mit Titanschrauben und -bögen stabilisiert werden. Auch ein halbes Jahr nach der OP trug ich noch ein Korsett und konnte mich kaum bewegen. Meine Tochter musste mich anziehen, bevor sie zur Uni ging. Ich schleppte mich durch die Hölle und hatte unglaubliche Angst vor der Zukunft. Würde ich mich je wieder normal bewegen können? Würden diese verdammten Schmerzen aufhören? Würde ich irgendwann in der Lage sein, wieder meinen Beruf auszuüben?

Inzwischen bin ich wieder so fit, dass ich zumindest ein bisschen arbeiten kann. Ich erhalte eine Erwerbsminderungsrente und darf bis zu 450 Euro dazuverdienen. Im selben Monat, in dem ich Fabio kennenlernte, fand ich meinen neuen Teilzeitjob – und die beste Chefin aller Zeiten! Sie hat extrem viel Verständnis und sorgt dafür, dass die Fernbeziehung zwischen Fabio und mir logistisch überhaupt funktionieren kann. Ich arbeite immer drei Wochen lang so viel, dass ich dann für zehn, zwölf Tage zu ihm fliegen kann.

Das ist wichtig, denn diese Beziehung macht mich stärker. Mit Fabio an meiner Seite fühle ich mich so gut wie nie zuvor. Es vergeht zwar kein Tag, an dem ich keine Schmerzen habe – aber ich kann jetzt besser damit umgehen. Ich lasse mich davon nicht mehr komplett runterziehen. Nachts muss ich mich öfter mal umdrehen, weil mein Rücken mich quält. Fabio wird dann auch wach, aber statt zu meckern, knutscht er mich einfach nur ab. Das tut so gut!

Ich hätte nie gedacht, dass ich so etwas mal erleben würde. Ich hatte zwei wichtige Beziehungen in meinem Leben. Die erste war meine Ehe. Aber da gab's nicht viel Zweisamkeit. Ich war todunglücklich, rutschte ab in eine Depression. Mit 35 habe ich dann gedacht: Das kann es doch nicht gewesen sein! Ich entschied, mich selbst zu schützen, und trennte mich. In der Hoffnung, dass irgendwo da draußen doch noch mein Mr. Right wartete.

Es folgte eine Fernbeziehung, die über fünf Jahre lief – mit Unterbrechungen. Warum? Weil ich ihn irgendwann beim Koksen erwischte. Ich hatte mich schon gewundert, dass er einen Tag so gut drauf war und am anderen ganz schlapp und ruppig. Jetzt hatte ich endlich eine Erklärung dafür. Auch dem Alkohol war er nicht abgeneigt. Ich lehne Drogen prinzipiell ab, daher war das für mich ein klarer Grund für eine Trennung. Aber er versprach mir immer wieder, dass er aufhören würde. Ich habe ihn wirklich geliebt, und ansonsten passte auch alles zwischen uns, darum habe ich bis zuletzt daran geglaubt, dass er den Scheiß endlich sein lässt. Ich habe ihm sogar einen Termin bei einer Drogenberatung verschafft, wir sind gemeinsam hingegangen. Aber als die ihm dann klarmachten, dass er nach so einer langen Zeit der Sucht nur stationär entziehen könne, hat er abgewinkt.

Ich war total fertig. Diese Liebe hat mich über Jahre runtergezogen, bis ich endlich an dem Punkt war, ein für allemal Schluss zu machen. Ich sperrte seine Nummer auf meinem Handy und litt drei, vier Monate schrecklich. Danach wollte ich erst mal keine enge Beziehung mehr, weil ich nicht noch einmal so verletzt werden wollte. Ich hatte einfach keine Kraft mehr. Das Schizophrene ist: Immer, wenn ich mich getrennt habe, sagten die Männer: »Aber du weißt doch, wie sehr ich dich liebe!« Nur leider hatten sie vorher nie etwas getan, um mir das auch zu beweisen.

Bei Fabio kam ganz schnell der Moment, in dem mir bewusst wurde, dass er alles für mich geben und tun würde.

Am Ende unseres ersten gemeinsamen Wochenendes brachte Fabio mich zum Flughafen. Es war ein Montagmorgen, ich wollte um 7 Uhr fliegen. Irgendwas war technisch schiefgelaufen, daher hatte ich nicht vorher online einchecken können. Im Terminal war dann einer der Automaten kaputt, an den anderen standen lange Schlangen. Am Schalter hieß es schließlich: Sie sind zu spät, Sie können nicht mehr einchecken. Der Typ von der Airline erklärte mir, dass ich auch nicht umbuchen, sondern ein neues Ticket kaufen müsse – für 600 Euro! Dabei hatten Hin- und Rückflug zusammen nur 130 gekostet.

600 Euro habe ich nicht mal so eben. Mit meinen Einkünften kann ich keine großen Sprünge machen. Ich will mich auf keinen Fall von einem Mann aushalten lassen, aber ich habe Fabio gleich am Anfang gesagt, dass ich mir nicht alle paar Wochen ein Flugticket leisten kann. Er meinte nur: »Das Finanzielle wird bei uns nie ein Thema sein. Der, der mehr hat, kann auch mehr geben.« Fabio programmiert Roboter und verdient gut in seinem Job. Für ihn war es selbstverständlich, dass er für meine Flugtickets aufkommt.

Am Tag des Abflug-Desasters rief er seinen Chef an, um ihm zu sagen, dass er nicht ins Büro kommen könne. »Ich muss doch dafür sorgen, dass du irgendwie nach Hause kommst«, erklärte er. Und ich machte große Augen, denn alle Männer, die ich kannte, hätten gesagt: »Ich muss jetzt dringend zur Arbeit, aber du kriegst das schon irgendwie hin.« Fabio jedoch fuhr mich seelenruhig zu sich nach Hause, wo wir nach Zügen schauten.

Allerdings waren durch einen heftigen Sturm in der Schweiz einige Strecken blockiert. »Ich kann dich doch nicht losfahren lassen, und du bleibst irgendwo auf halber Strecke stehen«, sagte er. »Weißt du was? Wir machen das jetzt ganz anders. Wir suchen einen Bahnhof in Deutschland aus und da bringe ich dich hin!« Daraufhin fuhr er mich in seinem Wagen vier Stunden bis nach Frankfurt.

Es war Sommer, die Sonne schien, und der Himmel war blau. Fabio fing auf einmal an zu lachen. »Schmusili«, setzte er an – sein Spitzname für mich, in der Schweiz enden schließlich fast alle Wörter auf »i« – »Schmusili, wie schön ist das denn? Ich habe dich noch vier Stunden länger als geplant! Wenn wir ankommen, setzen wir uns schön in die Sonne und trinken einen Kaffee.«

Das haben wir dann auch gemacht. Und beim Abschied am Bahnsteig schwärmte er erneut: »Eigentlich wärst du schon längst weg, aber wir sind immer noch beieinander! Es ist doch schön, dass das passiert ist. Das schweißt uns zusammen.« Stimmt, denn durch diese Katastrophe, die sich in eine meiner schönsten Erinnerungen an den Beginn unserer Beziehung verwandelte, weiß ich: Egal, was mir passiert, Fabio ist immer für mich da. Darum bin ich auch bereit, einen großen Schritt zu machen: Ich werde zu ihm in die Schweiz ziehen.

Na, schrillen jetzt beim ein oder anderen die Alarmglocken? Sicher gibt es jemanden, der an die Doku-Serien im Fernsehen denken muss, bei denen Auswanderer sich zu schnell und unbedacht in eine neue Heimat aufmachen. Aber keine Angst, ich bin keine Träumerin, sondern eine Realistin. Fabio und ich sind noch nicht wirklich lange zusammen, daher ist ein Umzug für mich jetzt sofort keine Option. Ich bleibe vorsichtig.

Unser Plan ist: Wir warten das kommende Jahr ab und sehen dann weiter. Aber manchmal tut es auch weh, eine Realistin zu sein. Wenn ich mal wieder für ein paar Tage bei Fabio war, ist der Abschied eine einzige Qual. Beim letzten Mal habe ich Rotz und Wasser geheult, und er jammerte: »Ich hab Magenschmerzen, und mein Herz tut weh.«

Nach der Landung hatte ich schon eine Nachricht von ihm auf dem Handy.

Ich glaube, ich werde dieses Wagnis eingehen. Denn hey, es gibt nie eine Garantie dafür, dass eine Beziehung für ewig hält! Keine weiß das besser als ich.

Für meine Freundin Melanie ist es auch schon klar, dass ich in die Schweiz gehe. Als Fabio mal bei mir in Bielefeld war, habe ich die beiden einander vorgestellt. Sie war ganz hin und weg: »So ein charmanter, toller und lieber Mann.« Schließlich hat sie den direkten Vergleich – sie hat mein Männer-Chaos live miterlebt und gesehen, wie ich mir zielsicher immer den Falschen aussuchte. »Fabio tut dir gut«, findet sie. »Du bist ganz anders drauf.«

Früher war der Tag für mich schon gelaufen, wenn ich mit Schmerzen aufwachte oder mir ganz einfach das Wetter nicht passte. Aber heute schießt mir als Erstes Fabio durch den Kopf, und dann bin ich einfach nur happy. Daher freut es mich, dass er auch bei den Menschen, die mir wichtig sind, gut ankommt. Meine Tochter ist glücklich, dass ich so glücklich bin. Und Fabios Familie hat mich beim ersten Kennenlernen begrüßt, als wäre ich schon zehnmal da gewesen, weil er ihnen in Dauerschleife von mir erzählt hat.

Natürlich ernten wir in der Öffentlichkeit viele kritische Blicke. Obwohl es mich schon ärgert, dass ich hier »natürlich« sage. Denn wenn ein älterer Mann sich eine jüngere Frau nimmt, wird ihm dafür auf die Schulter geklopft. Das ist ganz normal. Steht eine ältere Frau auf einen jüngeren Mann, ist er ihr »Toy Boy«, und das Ganze wird belächelt oder abgekanzelt. Aber Fabio und mich stören weder Lästereien noch Blicke. Was andere denken, ist uns egal. Da ticken wir gleich.

So wie beim Sex. Wir stehen beide nicht auf Spielzeug. Wir mögen es, wenn das Licht an ist und man den anderen richtig sehen kann. Und wir mögen es, uns zu sagen, wie geil das ist, was wir da gerade machen. Unser Liebesspiel kann mal ganz schnell gehen – oder Stunden dauern. Mit nicht aufhörenden Küssen zwischendrin, und dann geht's wieder von vorn los. Seine Finger finden immer irgendwie den Weg an die Stellen, die mich zum Abheben bringen. Er weiß inzwischen genau, wo die bei mir sind. Kürzlich ging's beim gemeinsamen Kochen so heiß her, dass uns fast alles angebrannt wäre. Und an einem Abend sind wir so wild knutschend über die Treppe nach oben getorkelt, dass wir hinfielen.

So verliebt wie jetzt war ich noch nie in meinem Leben!

Und es hat mir auch noch nie zuvor jemand so viel Liebe entgegengebracht. Fabio mag mich so, wie ich bin. Natürlich und ungeschminkt, höchstens mal mit Lippenstift. Und selbst den kann ich mir sparen, weil ihn seine Lippen gleich wieder verwischen. Für Fabio muss ich mich nicht verstellen. Er will keine Frau nur zum Herumzeigen. Er sagt: »Und wenn du in Gummistiefeln bei mir ankommst, das ist mir total egal. Für mich bist du so oder so die Schönste!«

In den letzten Urlaub auf Sardinien fuhr Fabio noch mit einem Freund, weil der Trip gebucht worden war, bevor wir uns kennenlernten. Fabio liebt Sardinien, die Insel ist sein zweites Zuhause. Aber dieses Mal konnte er die Tage dort nicht genießen, weil ich ihm so gefehlt habe. Er war mit dem Auto dort, ist auf der Rückfahrt von der Fähre runter, hat zu Hause kurz seine Sachen gewaschen und ein bisschen geschlafen. Dann ist er sofort die acht Stunden zu mir raufgebrettert, um mir in die Arme zu fallen. Er konnte es nicht erwarten, wieder bei mir zu sein!

Nächsten Sommer geht's wieder nach Sardinien – aber dieses Mal komme ich mit. Auch meine nächsten Flugtickets in die Schweiz sind gebucht, wir haben die kommenden Monate schon durchgeplant. »Wir gehören zusammen«, erklärt Fabio. »Wir schaffen das. Es ist alles eine Sache des Willens.« Und ja, ich will. Auf der Suche nach einem Abenteuer haben wir übers Internet das große Glück gefunden. Wer hätte das gedacht? Ich nicht. Aber das Leben ist eben immer für Überraschungen gut, das macht es ja so spannend.

Ich fühle mich schon seit Jahren frei und habe nach

meiner letzten Trennung nur noch das getan, worauf ich Lust hatte. Aber es ist noch schöner, das mit jemandem zu teilen, der einem so ähnlich ist. Auch Fabio ist mein Seelenverwandter. Was für ein Wunder, dass ich nun neben Melanie noch einen zweiten Menschen in meinem Leben habe, den ich als solchen bezeichnen darf!

Dank Fabio habe ich keine Zukunftsangst mehr. Ich bin überhaupt mehr in der Gegenwart und genieße den Augenblick. Fabio gibt mir das Gefühl, dass ich sein Zuhause bin. Und mein Zuhause ist bei ihm.

*Willst du mich heiraten?* Ich habe immer gedacht, diese Frage aller Fragen wäre die Krönung jeder Beziehung. Doch in diesem Fall steht für mich auch ohne Trauschein fest: Fabio ist mein Mann. Und ich bin seine Frau.

# Ich führe ein geheimes Leben mit zwei Liebhabern. Warum auch nicht?

## Anni, 48

Der beste Sex meines Lebens? Den erlebte ich vergangenes Jahr an einem schwülen Sommernachmittag. Ich erinnere mich an jede Sekunde, kann noch alles fühlen, riechen und schmecken, wenn ich will.

Ich liege nackt neben dem Mann, der für mich einer Naturgewalt gleicht. Er hat mein Leben und meinen Kopf durcheinandergewirbelt wie ein Hurricane! Nichts ist mehr so, wie es früher mal war. Schon bei unserer ersten Begegnung war ich hin und weg. Er ist 1,80 Meter groß, hat surferblonde Haare bis zu den Ohren, und seine Augen strahlen gletscherblau wie die von Terence Hill. Ich dachte, ich falle um!

Eine Stunde sind wir von Chemnitz aus im Auto gefahren, um einen versteckten See zu erreichen. Den will ich ihm unbedingt zeigen. Genau hier will ich Sex mit ihm haben. Wir haben uns eine der vielen kleinen Badestellen ausgesucht, hohes Schilf schützt rechts und links vor neugierigen Blicken. Aber in ein paar Metern Entfernung führt ein Weg am See entlang, es ist also trotzdem möglich, dass fremde Augen erspähen, was am Ufer gerade vor sich geht. Und das macht es für uns umso aufregender …

Doch momentan ist niemand in Sicht. Wir sind fast allein, nur am gegenüberliegenden Ufer halten zwei Männer meditativ ihre Angeln ins Wasser. Unsere Klamotten landen auf dem Boden, wir kuscheln uns nebeneinander auf eine Decke und füttern uns gegenseitig mit Stücken einer gekühlten Honigmelone. Zärtlich wischen wir uns den süßen Saft vom Kinn. Wenn seine Finger meine Lippen streicheln, prickeln die mindestens so wie der Sekt in den zwei mitgebrachten Piccolo-Flaschen.

Ich genieße die Stimmung. Vögel zwitschern, Wellen schwappen sanft ans Ufer und gegen einen Baumstamm, der glänzend im Wasser liegt. Sonnenstrahlen kitzeln meine Haut. Der leichte Wind streicht durch feinste Härchen an den Armen. Es fühlt sich an wie sanfte Berührungen. Diese Abgeschiedenheit, diese Nähe zur Natur – allein das ist für mich höchst erotisch! Ein Streicheln für die Seele und den Körper, das wir nun noch steigern.

Ich liege auf dem Rücken, eine Wurzel unter der Decke pikst, aber das vergesse ich im nächsten Augenblick schon wieder. Ich konzentriere mich lieber auf die Berührungen, nach denen sich mein Körper gesehnt hat. Dieser Mann weiß, wohin seine Finger und seine Zunge gleiten müssen, um meinen Körper zu elektrisieren. Er berührt meinen Mund, meinen Busen, versinkt zwischen meinen Beinen. Mal fordernd und derb, dann wieder ganz sanft. Seine Küsse sind so leidenschaftlich, dass sich alles um mich dreht. Ich bin atemlos, kurz vorm Abheben – und ich liebe es!

Eine gefühlte Ewigkeit lang treibt er mich in den Wahnsinn. Keine Ahnung, wie er dieses ausgedehnte Vorspiel aushält: Ich spüre und sehe seine Erregung, aber er weiß sie unter Kontrolle zu halten. Immer wieder bringt er mich an die Grenzen meiner Lust – und darüber hinaus, bis ich zum ersten Mal an diesem Tag komme. Und dann geht es erst richtig los. Mal liege ich unter ihm, dann sitze ich oben oder knie vor ihm. In diesen Momenten ist es mir völlig egal, ob jetzt jemand auf dem Weg vorbeigeht oder nicht.

Mein Kopf ist völlig ausgeschaltet, ich bin ganz bei uns, bei mir und dem, was ich gerade an verschiedenen Stellen meines Körpers empfinde. Als ich das Gefühl habe, fast den Verstand zu verlieren, kommen wir gemeinsam. Schwitzend, stöhnend, losgelöst von allem. Ich bin völlig ausgepowert.

Nachdem sich unser Atem beruhigt hat, nimmt er meine Hand, und wir laufen in den kühlen See. Das letzte Stück trägt er mich hinein, ich fühle mich geborgen in seinen starken Armen. Unter Wasser vereinen sich unsere Körper wieder, so als wollten sie einfach nicht voneinander lassen. Wir küssen uns in der Schwerelosigkeit, für mich ist das alles wie ein wunderschöner Traum.

... in den plötzlich ein japsender Schäferhund hineinplatzt! Der rennt uns nämlich entgegen, als wir wieder ans Ufer stapfen. »Macht es Ihnen etwas aus, wenn ich auch diese Badestelle nutze?«, fragt sein Besitzer, ein älterer Herr.

»Wenn wir Sie nicht stören, gern«, antworten wir lachend und werfen uns schnell Handtücher über. Hat der Mann gesehen, was wir auf der Decke und im See getrieben haben? Hat er uns vielleicht schon länger beobachtet? Wir wissen es nicht. Er lässt sich auf jeden Fall nichts anmerken und verabschiedet sich nach einer Weile wieder. »Ich möchte Sie nicht weiter behelligen«, sagt er augenzwinkernd.

Der Abend endet mit einem wundervollen Sonnenuntergang, und in mir spüre ich eine tiefe Zufriedenheit, weil dieser Moment unbeschreiblich schön ist und weil es sich anfühlt, als seien unsere Körper füreinander geschaffen.

Dieses See-Abenteuer ist die schönste Erinnerung, die ich mit Falk – so heißt meine »Naturgewalt« – teile. Unseren Sex würde ich als geradezu animalisch beschreiben, weil alles einfach so passiert, ganz instinktiv, impulsiv, schnell und ohne Schranken im Kopf. Falk hat meine Lust aus einem jahrelangen Tiefschlaf geweckt. Endlich fühle ich mich begehrt und begehre auch selbst wieder.

Aber es gibt noch einen zweiten Mann in meinem Leben: Michael. Er erfüllt ganz andere Sehnsüchte, die ich als Frau habe. Er ist das Gegenteil von Falk – auch optisch: Er trägt Brille, und sein Haar ist licht. Mit Michael genieße ich Konzerte in der Dresdner Frauenkirche und besuche Museen. Wir wandern in der Sächsischen Schweiz oder fahren an die Ostsee nach Warnemünde und spazieren stundenlang barfuß am Strand entlang. Beobachten, wie die Sonne im Meer versinkt, und prosten uns dabei mit einem Aperol Spritz zu. Michael ist noch von der alten Schule, er hält mir die Autotür auf, nimmt mir die Jacke ab, überrascht mich mit riesigen Blumensträußen.

Er möchte verwöhnen, den Alltag ausblenden und mir die schönen Dinge des Lebens zeigen. Ich spüre jedes Mal, wie er meine Anwesenheit genießt und die Zeit am liebsten anhalten würde. Er fragt sogar nach meinen Wünschen! So viel Fürsorge bin ich überhaupt nicht gewohnt.

Auch im Bett ist er ein echter Romantiker, der es liebt, mich hingebungsvoll zu massieren. Ich mag es, berührt zu werden. Von mir aus könnte ein Mann auch acht Hände haben! Dieses Gefühl von Haut auf Haut, das koste ich aus. Vielleicht, weil ich es nicht immer haben kann und mir das in meinem Alltag fehlt.

Den Sex mit Michael würde ich eher als normal beschreiben. An ihm beeindruckt mich nicht sein Liebesspiel, wichtiger sind mir die Momente, in denen wir etwas unternehmen, in denen wir reden und lachen. Wir verbringen Zeit mit gemeinsamen Interessen – das macht es für mich so anregend.

Offiziell aber bin ich Single – und möchte das auch bis auf Weiteres bleiben. Von meinem geheimen Zweitleben wissen selbst mein Sohn und meine Tochter im Teenageralter nichts. Vor fünf Jahren verließ ich ihren Vater, weil ich wusste, dass ich etwas verändern muss, sonst wäre ich bald tot. Denn nach über 20 Jahren Ehe war gefühlt nichts mehr vorhanden, was ich mir von einem Partner wünsche. Sex hatten wir nicht mehr – und statt als Mann empfand ich ihn eher als drittes Kind, das versorgt werden wollte.

Jahrelang fühlte ich so und versuchte auch, das anzusprechen. Aber immer, wenn ich ihn deswegen zur Rede stellen wollte, wich er aus. Eines Tages verfrachtete ich meinen Mann ins Auto. »Ich brauche etwas aus dem Baumarkt, das kann ich nicht allein tragen«, so mein Vorwand. Doch statt in den Baumarkt bin ich mit ihm in den Wald gefahren und parkte an einer Picknickstelle. Völlig irritiert stieg er aus, und während er vor sich hin schimpfte, verriegelte ich mit der Fernbedienung das Auto. »Was machst du da?«, fauchte er. »Bist du verrückt?«

»Nein, aber verzweifelt.« Ich sagte ihm alles, was mir auf der Seele brannte. Sprach auch von der Hoffnung, dass wir das in den Griff kriegen könnten, wenn es sein musste, mit therapeutischer Hilfe. »Es muss sich etwas verändern, sonst bin ich weg«, betonte ich. Ich wünschte mir einen Partner, einen Vertrauten und einen Geliebten – trotz Alltag und Beruf.

Wir weinten beide bitterlich. Ich, weil ich meiner ganzen Trauer und dem Ärger Luft gemacht hatte. Und er, weil es für ihn ein Moment der Erkenntnis war.

Leider verstand er am Ende wohl doch nicht, wie ernst die Lage war, denn er blieb der Alte. Darum zog ich zwei Jahre später den Schlussstrich. Ich machte mir klar: Wenn ich jetzt nichts unternehme, muss ich in Zukunft die Klappe halten. Dann muss ich mich mit dem Leben arrangieren, das ich habe. Und diesen Gedanken fand ich unerträglich.

Die Trennung bedeutete einen kompletten Umbruch für mich und die Kinder. Ich zog mit ihnen aus dem einzigen Zuhause aus, das sie bis dahin gekannt hatten. Sie mussten den Wohnort wechseln und wir unser Leben völlig neu sortieren. Das waren harte Zeiten, vor allem für meine Tochter. Schließlich war sie noch im Grundschulalter. Aber sie und ihr Bruder haben alles ganz gut verkraftet, haben viel ausgehalten und mich sicher auch erlebt, wie man es sich als Mama nicht wünscht. Eltern sollten doch eigentlich immer stark sein …

Im Laufe der Jahre habe ich es geschafft, wieder Beständigkeit und Ruhe in unseren Alltag zu bringen. Wir sind als Familie eine Einheit, ein tolles Dreierteam. Und das will ich nicht durch einen Mann – oder mehrere – aufs Spiel setzen.

Daher bleiben Falk und Michael mein Geheimnis. Diese beiden grundverschiedenen Männer haben nur eins gemeinsam: Ich habe sie über *Secret.de* kennengelernt. Dort meldete ich mich vor zwei Jahren quasi unter Zwang an. Meine Freundin Kathi ist daran schuld! Aber halt, das klingt zu negativ. Aus heutiger Sicht sage ich natürlich: danke, danke, danke, Kathi! Nur aufgrund ihrer Hartnäckigkeit geht's mir heute richtig gut.

Damals war das noch ganz anders. Ich hielt zwar – für Außenstehende sichtbar – tapfer alle Fäden in der Hand, war aber hinter dieser Fassade ein emotionales Wrack. Partnerschaft ist für mich etwas Wichtiges. Ich habe mir immer gewünscht, mit einem Menschen Hand in Hand durch die Welt zu laufen und mit ihm alt zu werden. Das war die Basis meines Lebens, und die wurde mir durch die Trennung unter den Füßen weggezogen. Kathi bemerkte natürlich, wie schlecht es mir ging, und sprach mich darauf an. »Du kannst nicht mehr so weitermachen«, mahnte sie. »Du brauchst Bestätigung. Du bist eine attraktive, tolle Frau – mach was!«

Weil Weihnachten vor der Tür stand, wünschte ich mir mehr denn je die Nähe eines Partners. Kathi erzählte mir, dass sie sich vor einigen Monaten auf *Secret.de* angemeldet hatte. »Was ist das?«, fragte ich ahnungslos. Nachdem sie mich eingeweiht hatte, war ich völlig baff. Nur Sex? Ohne Liebe? Ich konnte gar nicht fassen, dass es so eine Seite überhaupt gibt. Ich war ja so naiv! Und fest davon überzeugt, dass ich so etwas nicht konnte.

Kathi aber argumentierte: »Lass dich doch einfach mal verwöhnen.« Als ich immer noch den Kopf schüttelte, verkündete sie: »Anni, wenn du dich dort nicht registrierst, dann mache ich das für dich. Stichtag ist der 28. Februar.« Ich habe diese Drohung nicht für voll genommen, doch wenige Tage vor dem von ihr genannten Datum ermahnte sie mich: »Hau rein, sonst lege ich dir einen Account an!« Da wurde mir klar: Die macht das wirklich! Wer weiß, was dann dort drin steht? Und was sie alles in meinem Namen anstellt? Das wollte ich auf keinen Fall.

Daher habe ich mir die Website zum ersten Mal richtig angeschaut und mich dort lieber persönlich angemeldet. Am Anfang hat mich das total überfordert – die Vielzahl der Zuschriften und der oft sehr direkte Ton. Ich habe mich gefühlt wie auf einem Marktplatz! Zwischen 20 und 30 Männer schrieben mich pro Tag an, das war alles zu viel für mich. Schließlich handelte es sich um meine erste Kontaktaufnahme zur Männerwelt seit der Trennung. Ich hatte nach meinem Umzug erst mal nichts mit Männern im Sinn, ich wollte unser Leben neu organisieren, uns ein

Zuhause schaffen und nur für mich und meine Kinder da sein. Aber man hat ja schließlich auch körperliche Bedürfnisse …

Und so fing ich dann doch an, nette Zuschriften zu beantworten. Ein Mann aus Erfurt schrieb Nachrichten, die wie erotische Literatur klangen. Das war eine völlig neue Erfahrung für mich. Seit mein Mann mir den letzten Liebesbrief geschrieben hatte, war viel Zeit vergangen. Seine Zeilen und die damit verbundene Anonymität waren ein Einstieg in neue Gedanken. Sie weckten die Sehnsucht nach Berührung, Zärtlichkeit und Sex.

Dazu kam es dann schließlich mit einem Mann, der eigentlich viel zu jung für mich war. Das hätte ich mir vorher kaum vorstellen können! Wir trafen uns kurz, um einen ersten Eindruck voneinander zu gewinnen. Abends schickte er mir eine Nachricht, dass er gern eine Nacht mit mir verbringen würde. »Kannst du dir das vorstellen?« Ich zögerte, antwortete aber schließlich mit Ja.

Er reservierte daraufhin ein Zimmer in einem Hotel, und nach dem Abendessen wurde es ernst. Über die letzten Stunden hinweg hatte sich die Stimmung zwischen uns wahnsinnig aufgeheizt. Unglaublich, was sich da im Körper tut! Es kribbelte überall, und noch am Tisch fragte ich mich plötzlich: Wie komme ich aus dieser Situation nur wieder raus? Will ich das überhaupt? Nein! Oder doch? Wer weiß, wie's im Bett wird … Wie fühlt sich seine Haut an? Bin ich zu alt für ihn? Ist mein Körper noch gut genug? Küssen klappt. Aber auch der Rest? Kann ich frei sein im Kopf, oder mache ich mich gleich zur totalen Lachnummer?

Ich hatte so viele Zweifel! Aber dieser Abend war die Möglichkeit, aus alten Mustern auszubrechen. Was hatte ich zu verlieren? Er kannte nur meinen Vornamen, keine Handynummer, keine persönlichen Details. Meiner Freundin Kathi gab ich per WhatsApp noch schnell sein Autokennzeichen durch. Denn was, wenn dieser Fremde sich als Verbrecher entpuppte?

Das war er natürlich nicht. Im Gegenteil, durch seine charmante Art zauberte er viele meiner Zweifel einfach weg. Keine Ahnung, ob er mit Situationen wie dieser schon Erfahrung hatte, aber das wollte ich in dem Augenblick auch gar nicht wissen. Er bewies viel Fingerspitzengefühl, und es wurde zu einer schönen erotischen Episode. Als wir anschließend nebeneinander im Bett lagen, war ich erstaunt, wie locker ich das alles hinbekommen hatte.

Das war mein Einstieg in die Welt des Online-Datings. Zu dem Zeitpunkt wusste ich ja nicht, dass ich noch ganz andere Dinge tun würde, die ich früher nie für möglich gehalten hätte …

Nach dieser Nacht steckte ich allerdings erst mal im Zwiespalt. Der Sex war toll gewesen, keine Frage. Aber der Gedanke daran, was ich alles mit diesem eigentlich wildfremden Mann getan hatte, war trotzdem seltsam und verfolgte mich auch noch viele Tage und Wochen. Für mich war es schwierig, damit klarzukommen. Schließlich war ich ganz anders erzogen worden. Für mich war seit jeher die Ehe das höchste der Gefühle. Ein Mann für immer – und alles.

Ich sprach mit Kathi über meine Zweifel, und sie beschrieb mir ein Bild, das ich heute immer vor Augen habe, wenn ich an Falk und Michael denke. Sie sagte: »*Ein* Partner kann nie alle deine Wünsche erfüllen. Keiner kann das! Sieh die einzelnen Männer doch mal als Farben in deinem Lebensregenbogen. Jede Farbe erfüllt einen anderen Anspruch und macht das Leben bunter! Auch du bist eine Farbe im Regenbogen des anderen. Erfreu dich doch einfach daran, dass du das sein darfst.«

Dieses Bild hat mir gefallen. Und es hat mich verändert, denn Regenbogen können auch blitzschnell wieder verschwinden. Es gilt also, schöne Dinge zu genießen – sie aber auch immer wieder loszulassen. Gerade bei dieser Art der sexuellen Begegnungen ist das sehr wichtig, sonst gehst du daran kaputt.

Loslassen – das ist für mich inzwischen zum Zauberwort geworden. Eines, das in so vielen Lebenssituationen weiterhilft: in der Liebe, beim Abschiednehmen von einem Menschen, der mir nahestand, oder bei der Erziehung meiner Kinder, die ich immer wieder ein Stück weitergehen lassen muss.

Übers Loslassen diskutierte ich schriftlich viel mit Falk, als ich ihn kennenlernte, und er fesselte mich immer wieder mit seinen Gedankengängen. Die drehten sich häufig um die innere Freiheit, die wir uns gönnen sollten. Er leitete mir auch wissenschaftliche Artikel über Monogamie und Polyamorie weiter, über die wir uns in zig Nachrichten angeregt austauschten.

Falk lebt seit vielen Jahren in einer Beziehung, das hatte er auch ganz offen in seinem Profil eingetragen. Ich habe gebohrt und gebohrt: »Weißt du denn, was du da tust? Willst du das wirklich? Und kannst du es durchziehen?«

Nichts ist schlimmer als ein Mann, der ein schlechtes Gewissen bekommt – und du musst ihn trösten.

Wir haben viel über die Verletzung von Gefühlen und Vertrauensbruch gesprochen. Aber er hat immer gesagt: »Ich liebe meine Freundin über alles und könnte mir keine bessere Lebenspartnerin wünschen.« Bis auf einen Punkt: Die beiden haben völlig verschiedene sexuelle Neigungen.

Er erklärte: »Sie hat andere Ansprüche beim Sex.« Falk war sich sicher, dass seine Freundin auch ab und zu einen anderen hatte, der Dinge tat, die zu Hause anders liefen.

Inzwischen führen Falk und seine Freundin eine offene Beziehung. Aber da das damals noch nicht so war, geriet ich in einen neuen Gewissenskonflikt. Konnte ich sein Fremdgehen unterstützen? Wie würde es mir damit gehen? War es nicht meine Aufgabe, seine Partnerin zu schützen?

Letztendlich beschloss ich, dass mir zu dem Zeitpunkt eigentlich nichts Besseres passieren konnte als ein Mann wie er – schließlich wollte ich niemanden, der mir zu nahe kommt. Keinen festen Partner, der in mein Leben und das meiner Kinder tritt. Ich wollte Anonymität. Ich wollte Berührungen, Haut und Sex.

Und das, was Falk wollte, klang sehr aufregend: Er steht auf Sex im Freien, etwas, das seine Freundin nicht mag. Als er und ich uns das erste Mal trafen – zu einem Spaziergang am Nachmittag –, kam ich gerade von der Arbeit. Ich trug einen schwarzen Hosenanzug mit weißer Bluse drunter. Er sagt heute: »Du sahst so harmlos und stockkonservativ aus. Niemals hätte ich gedacht, dass ich mit dir so was erleben darf!«

Beim zweiten Date im Wald wollte er dann testen, wie weit ich zu gehen bereit war. Es war Frühling und schon warm draußen. Wir machten wieder einen Spaziergang. Nach einigen Schritten fasste seine Hand die meine, und das jagte schon den ersten Gefühlsblitz vom kleinen Zeh hoch bis zum Haaransatz. Wenige Meter weiter blieben wir stehen und küssten uns. Das war einfach nur geil. Ein guter Kuss ist manchmal besser als Sex, finde ich. Seiner war warm, selbstsicher und versprach einiges an Geschick. Er machte mir definitiv Lust auf mehr!

Auf einer Lichtung breitete Falk dann ein Picknick aus – inklusive zweier Piccolos, die von da an zu unserem Ritual wurden. An dem Tag fand ich es einfach wunderbar, von ihm gestreichelt zu werden. Ich merkte, dass er in meinem Körper ganz viel auslöst. Es wurde sehr leidenschaftlich, aber es kam nicht zum Sex. Mein T-Shirt zog ich aus, die Hose nicht. Ich trat auf die Bremse, weil mir seine Partnerin einfach nicht aus dem Kopf ging. Falk akzeptierte meine Grenze, dabei war ich schon gefasst auf Sprüche wie: »Warum bist du dann auf so einem Portal unterwegs? Du willst wohl nur die Männer scharf machen?« Aber es kamen keine Vorwürfe.

Stattdessen erhielt ich weiter liebe Nachrichten. Ich sage noch heute zu ihm: »Du hast mich geknackt, weil du wahnsinnig viel von deinen Gedanken und Gefühlen preisgegeben hast. Du hast so viel Positives mit mir geteilt.«

In dieser Weise über Emotionen und Sex zu schreiben, das kannte ich nicht. Selbst in vielen Beziehungen wird gerade darüber gar nicht gesprochen.

Nach und nach hat Falk meine Maxime der Monogamie wie mit einem Radiergummi aus meinem Kopf radiert. Das hat mich in meinem Denken viel freier gemacht und empfänglicher für andere Ansichten. Ich versuche, Menschen nicht vorab oder pauschal für das zu verurteilen, was sie machen. Ich nehme sie erst einmal so an, wie sie vor mir stehen. Ich war früher im wahrsten Sinne des Wortes beschränkt, heute gehe ich ganz anders durch die Welt. Ohne aufgezogene Schubladen, in die ich Menschen reinplumpsen lasse. Ich bin offener und neugieriger.

Und das schon gleich bei unserem ersten Mal, denn da traf Falks Mund auf meine Schamlippen. Und ich habe es ausgekostet bis zum letzten Zungenschlag, dabei hatte ich Oralsex vorher immer abgelehnt. Vielleicht, weil ich mich schämte. Früher konnte ich mich dabei nie gehen lassen und hatte immer das Gefühl, mit mir stimmt etwas nicht. Und irgendwie entsprach das ja auch der Wahrheit, denn in meinem Kopf schwirrten so viele Stimmen von anderen Menschen herum, die mir einflüsterten, was »man« so macht und was nicht. Wie irgendwas zu sein hat und wie nicht. Heute höre ich viel häufiger auf mein Bauchgefühl und meine eigene Stimme. Das macht meine Gedanken unglaublich frei.

Ich bin so befreit, dass ich inzwischen mutig die Initiative ergreife – selbst in einer 90 Grad heißen Sauna. Ich sitze mit Falk allein darin, aber durch die getönte Glastür könnte natürlich sekündlich ein neuer Gast eintreten. Ich fange an, über seinen Rücken zu streicheln, bringe kleine Schweißperlen zum Kullern. Meine Hand kriecht langsam nach unten, und ich berühre seinen Penis – der auch gleich entsprechend reagiert. Zur Sicherheit legen wir ein Handtuch drüber, damit unerwarteten Zuschauern nicht gleich alle nackten Tatsachen ins Gesicht springen. Uns beiden rinnt der Schweiß den Körper hinunter. Ich kann Falk, der versucht, möglichst gefasst zu gucken, trotzdem ansehen, wie sehr es ihm gefällt, dass ich die Sache in die Hand nehme. Diese Nummer ist extrem heiß – im doppelten Sinne.

In meiner Ehe hatte ich am Ende kein Verlangen mehr nach Sex, wahrscheinlich, weil uns der Alltag aufgefressen hat. Es war ein schleichender Prozess. Da waren die Arbeit, die Kinder, wir haben ein Haus gebaut und mussten uns um den Garten kümmern. Immer organisieren, vorantreiben, verschönern. Aber eigentlich ist das alles Blödsinn, denn durch den Perfektionismus macht man sich vieles kaputt. Auch diese Charaktereigenschaft habe ich abgelegt. Ich lebe inzwischen in einer zusammengestückelten Wohnung, und manchmal sieht's echt wild bei uns aus. Aber hey: Es geht mir trotzdem gut – auch wenn mal kein Staub gewischt ist. Heute muss für mich nichts mehr perfekt sein, auch nicht meine Kinder. Die finden das super und sagen: »Mama, du bist viel entspannter geworden!«

Aber auch experimentierfreudiger, doch davon wissen sie nichts. Als Minusgrade uns den Outdoor-Sex vermiesten, trafen Falk und ich uns im Stundenhotel. Im Sommer trieben wir's unterm Jägerhochstand, weil der uns für eine Besteigung schon zu gebrechlich erschien. Einmal sind wir auf einem Picknicktisch im Grünen übereinander hergefallen. Als ein Jogger angetrabt kam, flüchteten wir blitzschnell ins Gebüsch. Und lachen heute noch drüber!

Nur im Pornokino hat es uns nicht gefallen, denn das Ambiente war schmuddelig, und es haben ständig notgeile Männer an die Tür unserer Kabine geklopft. Die wollten mit rein! Das war nichts für uns, aber immerhin haben wir es ausprobiert. Ich weiß nicht, ob ich mich das mit jedem Partner trauen würde.

Es gibt noch so viele Dinge, die ich an Falks Seite gern ausprobieren würde: Sex im Autokino, ein Besuch im Swingerclub oder ein Rollenspiel, bei dem wir als scheinbar Fremde in einer Bar aufeinandertreffen. Ich habe mir gerade zum ersten Mal in meinem Leben richtig tolle Dessous gekauft. Halterlose Strümpfe unter einem schönen Kleid, das finde ich echt heiß. So würde ich Falk gern mal im Restaurant gegenübersitzen. Er regt meine Fantasie unglaublich an! Und ich hoffe, wir können gemeinsam noch viele Dinge von unserer erotischen Wunschliste streichen.

Wenn er und ich aufeinandertreffen, legen wir los wie ferngesteuert. Auf keinen Mann hat mein Körper je so stark reagiert wie auf ihn, er ist dann sofort auf Sex eingestellt. Auch nach einer längeren Pause war das so. Wir hatten uns den Sommer über nicht gesehen, weil ich mit den Kindern im Urlaub war und er danach mit seiner Freundin. Ich dachte, das wird jetzt nur ein schnelles »Hallo«, und dann tauschen Falk und ich ein paar Urlaubserlebnisse aus. Daher verabredete ich mich mit ihm an einem Parkplatz, der auf meinem Heimweg liegt …

Er ist braungebrannt und strahlt mich zur Begrüßung

mit seinen blauen Augen an. Dann zieht er mich an sich und küsst mich so, dass es in meinem Kopf dunkel wird wie im Theater, bevor die Vorstellung losgeht.

Bei uns geht in dieser Sekunde auch so einiges los: Erst presst Falk mich gegen sein Auto, und seine rechte Hand greift gierig zwischen meine Beine. Dann keucht er: »Komm mit«, schnappt sich eine Decke aus dem Kofferraum und zieht mich zwischen die Tannen, die rings um den Parkplatz in den Himmel ragen. Dahinter verbirgt sich eine Wiese, auf die er erst die Decke wirft und dann mich. Ich ziehe meine Hose runter, und nach wenigen Minuten ist schon alles vorbei. Einen Piccolo gibt's dieses Mal nicht, schließlich ist das so alles nicht geplant gewesen. Trotzdem prickelt es – und wie! Falk sagt rückblickend: »Das war so mega-scharf. Ich habe dich gesehen in deinem cremefarbenen Businessanzug und dachte nur: Das muss jetzt sein!«

Diese Erinnerung bringt mein Herz zum Pochen. Aber es gibt auch andere Momente. Ich habe zwar unglaublichen Sex mit Falk, trotzdem muss ich ihn immer wieder gehen lassen – zu seiner Freundin, mit der er auch nach wie vor ins Bett geht, da ist er mir gegenüber ehrlich. Manchmal fällt mir das sehr schwer, und gerade am Wochenende denke ich oft: Es wäre schön, wenn jetzt jemand da wäre.

Vielleicht fühle ich mich genau deshalb von Romantiker Michael angezogen. Er ist seit vergangenem Jahr Single und würde mich gern andauernd in Beschlag nehmen. Er berührt mein Herz und mein Inneres, weil er sehr beständig ist. Er würde alles für mich tun und hat sich, glaube ich, wirklich in mich verliebt. Das tut mir fast schon weh, denn ich fühle nicht so intensiv wie er. Michael weiß von Falk und dass dieser Mann vor ihm in mein Leben getreten ist. Aber er will es nicht hören. Er blendet es aus, obwohl ich es ihm immer wieder in Erinnerung rufe.

Bei Falk ist das ganz anders. Als ich ihm erzähle, dass Michael mich unbedingt auf einen einwöchigen USA-Trip einladen will, sagt er: »Mach doch – und genieße die Zeit.« Warum eigentlich nicht? Ich fliege mit. Von Detroit aus fahren wir nach Chicago, schlendern dort über die Magnificent Mile und blicken auf die endlose Weite des Lake Michigans. Wir fahren rauf auf die Twin Towers. Was für ein Wahnsinns-Blick aus 180 Metern Höhe!

In dieser Woche sind Michael und ich fast ununterbrochen zusammen, teilen auf einmal alles. Allerdings werden mir dadurch einige Eigenschaften bewusst, die ich vorher so extrem nicht wahrgenommen hatte. Michael ist sehr besitzergreifend. Wenn ich WhatsApp-Nachrichten schreibe, will er mir dabei am liebsten über die Schulter schauen. Und als ich mit einer deutschen Touristin ein Gespräch anfange, zieht er mich irgendwann einfach fort.

Er behandelt mich manchmal wie sein Eigentum. Ich glaube, er braucht eine Frau, die gern im goldenen Käfig sitzt – und das bin ich nicht. Ich habe das Flugticket nach Detroit bezahlt und vor Ort ein paar Restaurantrechnungen. Eine Abhängigkeit kommt für mich – auch in finanzieller Hinsicht – nicht in Frage. Michael würde mir alles von Herzen gern geben. Das Bezahlen in manchen teuren Lokalen hat er sich nicht nehmen lassen und mir auch da eine andere Welt gezeigt. Es war schön, mal in diese einzutauchen, aber das sehe ich nicht als Sinn meines Lebens.

Der Weg, den ich zurzeit gehe, ist ein ungewöhnlicher. Er ist nicht immer nur schön und einfach, denn herauszufinden, was ich wirklich will und womit ich leben kann, ist ganz schön schwierig. Kathi sagt: »Du hast zwei Männer, die dir so viele Wünsche erfüllen, und zwar auf zwei verschiedenen Ebenen. Was willst du mehr?« Nun ja, tief in mir drin wahrscheinlich noch immer eine beständige und verlässliche Beziehung.

Denn im Moment muss ich alles allein entscheiden und leisten. Ich kann nicht mal kurz raus aus meinem Alltag und einem Partner die Verantwortung übergeben. Mich zurücklehnen und jemand anderen machen lassen – diesen Luxus gibt es nicht.

Ob Falk ein geeigneter Partner wäre? Ich glaube kaum. Denn meine Angst wäre zu groß, dass er fremdgeht. Momentan hegen wir keine Besitzansprüche dem anderen gegenüber, aber ich weiß nicht, ob ich das auch in einer Partnerschaft so locker sehen könnte. Da brauche ich einen treuen Mann und würde dafür auch bereitwillig auf eine weitere Farbe in meinem Regenbogen verzichten.

Michael habe ich schon deutlich gemacht, dass ich in den nächsten zwei, drei Jahren an meinem Leben nichts ändern will. So lange, wie meine Kinder mich noch verstärkt brauchen. Bis dahin will ich keine Unruhe reinbringen. Aber ich glaube, er braucht dringend mehr – eine Partnerin, der er alles geben kann und die das auch liebend gern annimmt.

Er meint es gut mit mir, aber meine Freiräume sind mir

heilig. Die vergangenen Jahre waren sehr turbulent. Da war nicht nur die Scheidung von meinem Ex, der mich seitdem abgrundtief hasst und immer noch böse nachtritt. Beruflich musste ich ebenfalls neue Wege gehen und sehr flexibel sein. Hinzu kam, dass mein Vater starb, vorher verbrachte ich viel Zeit mit ihm im Krankenhaus.

Ich musste enorm viel Kraft investieren, damit meine Kinder positiv und optimistisch bleiben. Auch jetzt ist es noch so: Ich muss funktionieren. Für sie. Für meine Mutter. Für einen reibungslosen Ablauf unseres Alltags, zu dem auch die vier Wäscheladungen gehören, die gerade im Keller darauf warten, in die Maschine zu wandern, gebügelt und gefaltet zu werden.

Mein Liebesleben findet heimlich, still und leise statt, aber für mich ist es genau so perfekt. Nur, weil ich auf einer Dating-Seite unterwegs bin, bin ich kein schlechterer Mensch. Es gibt zwei Männer, mit denen ich regelmäßig Sex habe und schöne Stunden verbringe – die aber ansonsten nicht in mein Privatleben eingreifen.

Deshalb wissen meine Kinder auch nichts von meinem Online-Profil. Sie wissen, dass es zwei Männer gibt, die mich gut finden, mehr auch nicht. Wenn mal wieder fünf rote Rosen auf dem Esszimmertisch stehen, fragen sie nur: »Sind die jetzt von Mister X oder von Mister Y?« Aber sie haben weder den einen noch den anderen je gesehen oder gehört. Was wirklich in meinem Liebesleben vor sich geht, weiß nur meine Freundin Kathi. Allen anderen kann ich das nicht kommunizieren. Viele Bekannte aus Zeiten meiner Ehe würden in ihren Vorurteilen stecken bleiben, so wie ich damals auch.

Meinen Kindern werde ich es sicher irgendwann einmal erzählen. Aber jetzt ist nicht der richtige Zeitpunkt dafür, ich möchte sie nicht verwirren. Sie sollen emotional und sexuell erst einmal ihre eigenen Erfahrungen machen, sich selber finden. Und ihre erste große Liebe.

Für mich aber kam das Online-Dating genau im richtigen Moment. Die Erfahrungen, die ich dadurch sammeln durfte, haben mein Ich grundsätzlich verändert. Ich kann mich an positiven Erlebnissen mehr erfreuen und gehe mit negativen gelassener um. Was mir guttut, nehme ich an. Was mir nicht guttut, lasse ich los. Ich muss nichts mehr erzwingen.

Wir alle haben auf dieser Welt nur eine gewisse Zahl an Sekunden, Stunden, Tagen, Wochen, Monaten und Jahren zur Verfügung. Warum sollen wir die nicht voll auskosten? Und zwar ohne schlechtes Gewissen. Wichtig ist für mich, dass ich niemanden verletze.

Und das mache ich nicht, das haben mir Falk und Michael gerade wieder einmal bewiesen. Unabhängig voneinander haben mir beide fast zeitgleich ein kleines Geschenk für Kathi mitgegeben, weil sie uns durch ihr Ultimatum erst zusammengeführt hat.

Was mir Falk und Michael entgegenbringen, ist Liebe, da bin ich mir ganz sicher. Vielleicht nicht in der gängigen Form, aber auch da habe ich meinen Blickwinkel erweitert und mir eingestanden: Man kann mehrere Menschen auf verschiedene Art und Weise lieben.

Es gibt viele neue Informationen und Erfahrungen, die ich verarbeiten muss. So wie den Schritt, den ich mit Falk gegangen bin. Er hat vorgeschlagen, dass wir bei unseren

Treffen erotische Fotos machen. Nur für uns, wir speichern sie in geschützten Ordnern auf unseren Computern ab. Ich habe Falk gegenüber in den letzten zwei Jahren sehr viel Vertrauen entwickelt. Ich nehme ihm ab, dass er mit den Bildern keinen Unfug treibt. Auch dadurch hat sich in meinem Kopf eine große Wende vollzogen. Früher hätte ich gesagt: Hast du den Verstand verloren? So was macht man doch nicht! Aber wer ist schon »man«?

Wenn ich mir die Bilder anschaue, kann ich's einerseits nicht glauben. Andererseits bin ich so froh, sie zu haben! Sie zeigen uns nackt beim Akt. Bei dem, was wir uns Gutes tun, kann kein Porno mithalten. Auf manchen Bildern sind wir nach dem Sex zu sehen, wir liegen Kopf an Kopf im Bett. Da ist so viel Zufriedenheit und Glückseligkeit in unseren Gesichtern … Wenn ich das Gefühl habe, ich stehe gerade mal wieder vor einer unüberwindbaren Hürde, sehe ich mir diese Schnappschüsse an, denn sie sind der beste Beweis dafür, dass wir uns die meisten Grenzen selbst setzen. Und dass wunderbare Dinge geschehen, wenn wir sie überschreiten.

Das mit den Fotos wusste bisher übrigens niemand. Noch nicht einmal Kathi. Warum ich gerade hier darüber schreibe? Weil ich deutlich machen möchte, dass Mut sich lohnt. Ich bin in den letzten zwei Jahren schon so oft über meinen eigenen Schatten gesprungen, dass es langsam zu meiner leichtesten Übung wird. Ich mache weiter und bin gespannt darauf, was noch so alles passiert …

# In einem Keller wurde ich zum Fessel-Fan

## Elisa, 31

Ich mag es, geschlagen zu werden. Am schönsten ist es, wenn ich es nicht kommen sehe. Wenn mir die Augen verbunden werden oder ich auf allen vieren knie und von hinten einen Klaps auf den Po kriege.

Jedem Mann, mit dem ich eine Beziehung eingehe, mache ich gleich am Anfang klar: Du musst dich auch mit der Gerte verstehen, die unter meinem Bett liegt. Und mit dem Paddle. Und der Peitsche. Falls derjenige so etwas noch nie in der Hand gehalten hat, weise ich ihn gern ein.

Den Umgang mit diesen Utensilien habe ich mir von einer Domina beibringen lassen, sie sagte: »Blaue Flecken machen kann jeder.« Die Kunst sei, dass am Ende keine Spuren zurückbleiben. Das erreichst du, indem du mit dem Paddle anfängst, ein breites Holzbrett mit Griff. Schlägst du damit zu, werden Muskeln und Haut großflächig durchblutet. Erst dann solltest du Peitsche, Gerte oder Rohrstock zum Einsatz bringen, sonst kann es zu hässlichen Wunden kommen.

Auch Seile dürfen Männer bei mir gern benutzen. Noch vor sechs Jahren hätte ich mir nie vorstellen können, dass mein Sexleben einmal so fesselnd sein würde! Bis dahin hatte ich monogame Beziehungen und war ganz brav. Im Bett machte ich keine Experimente. Nicht, weil ich es nicht wollte, es war halt einfach so, wie es war. Ich kannte nichts anderes.

Bis ich mich beim Dating-Portal anmeldete, weil ich gerade keine Lust darauf hatte, mich wieder fest zu binden. Casual Dating war mir ein Begriff, nun wollte ich es endlich testen! Online nach Männern zu suchen war etwas ganz Neues für mich. Und dann gleich nur welche fürs Bett! Ich sprang ins kalte Wasser – und landete in den Armen vieler heißer Typen. Das Portal hat mir den nötigen Schubs gegeben, um abenteuerlustiger zu sein. Mehr zu riskieren im Leben. Diesen Impuls habe ich gebraucht.

Anfangs hatte ich viele Dates, nicht immer lief auch was. Es ging alles recht zahm los. Doch nach einiger Zeit lernte ich Bela kennen. Eine Begegnung, die mein zukünftiges sexuelles Handeln entscheidend prägen sollte …

Mir ist sein Profil schon mehrfach ins Auge gefallen. Sein Text gefällt mir. Aber ich kann mich nicht überwinden, ihn anzuschreiben. Denn Belas Foto ist total protzig, darauf sieht er aus wie ein Superheld. Nackter Oberkörper, muskulös, ernster Blick. Ein Player und Poser. Darauf stehe ich gar nicht.

Auf *Secret.de* ist das so: Schaut man sich ein Profil an, sieht das derjenige, dem es gehört. Bela ist anscheinend auch schon auf meiner Seite unterwegs gewesen. Irgendwann schickt er mir eine Nachricht: *Wir tanzen hier schon ewig umeinander rum, da können wir uns auch mal persönlich treffen!*

Wir schreiben uns hin und her, Bela ist sehr eloquent. Er schaltet mir weitere Fotos von sich frei, und ich denke: Mensch, du bist doch bescheuert, dass du nicht eines von denen als Profilbild nimmst! Denn da wirkt er total herzlich und lacht. Manche Männer haben seltsame Vorstellungen davon, was Frauen gefallen könnte.

Eigentlich vereinbare ich immer zunächst ein Date auf neutralem Boden, um kurz abzuchecken, ob wir auch wirklich zueinander passen. Manchmal läuft's am Telefon voll gut, aber dann stehst du dem anderen gegenüber und schreist innerlich nur: Auf gar keinen Fall!

Bela wohnt etwa 50 Autominuten von mir entfernt und schlägt daher vor, dass ich ihn besuchen komme. Er habe bei sich zu Hause einen Fitnessraum, den er zur Spielwiese umfunktionieren könne. Aha, denke ich, und weiß: Wenn du zusagst, werden Dinge passieren, die du noch nicht erlebt hast. In meinem Kopf rangeln Skepsis und Neugierde miteinander. Letztere gewinnt, auch, weil ich Bela mag. Ich werfe meine Regel über den Haufen und zurre ein Datum fest. Die Tage bis dahin leisten wir uns ein Online-Vorspiel mit scharfen Texten.

*Was soll ich anziehen?*, frage ich Bela.

*Sachen, in denen du dich wohlfühlst. Das ist das Wichtigste*, antwortet er charmant.

Ich entscheide mich für türkis-schwarze Unterwäsche mit Spitze und halterlose Strümpfe. Dann schlüpfe ich in einen schwarzen Minirock, eine leicht durchsichtige Bluse und schicke Stiefeletten.

Bela wohnt in einem kleinen Dorf, den Weg zu seinem Haus hat er mir perfekt beschrieben. Aber ab dem Zeitpunkt, als ich mein Auto auf der gegenüberliegenden Straßenseite parke, läuft alles ohne Plan. Mich schaudert's – nicht nur, weil es ein kalter Februarabend ist. Ich drücke den Klingelknopf, und kurz darauf geht die Tür auf. Bela strahlt mich an. Er trägt Jeans und T-Shirt, umarmt mich herzlich, und ich fühle mich sofort wohl bei ihm.

Ich finde es gut, dass er nicht gleich über mich herfällt, denn nach der Umarmung bietet Bela mir erst mal einen Tee an. Statt wild zu knutschen, sitzen wir zunächst mit dampfenden Tassen in seiner Wohnung und quatschen über dies und das.

Nach einer halben Stunde entschuldigt er sich kurz, und ich stehe auf, um eine mit Fotos und Notizen bespickte Pinnwand näher zu betrachten. Auf einmal ist Bela wieder da, steht ganz dicht hinter mir. Ich spüre seinen warmen Körper an meinem Rücken, sein Atem streift meinen Hals. Er legt sanft seine Hände auf meine Schultern und flüstert mir ins Ohr: »Wir machen nur das, wobei du dich wohlfühlst.«

Er dreht mich zu sich um, und wir küssen uns. Küssen, streicheln, küssen, tasten, küssen, Knöpfe öffnen – das geht eine ganze Weile so. Bis wir nur noch in Unterwäsche in seiner Küche stehen. Bela sagt: »Ich habe was vorbereitet. Vertraust du mir? Und traust du dich, dir von mir die Augen verbinden zu lassen?«

Was Männer angeht, hat mich mein Gefühl noch nie getäuscht. Bei ihm bist du sicher, meint mein Bauch. Ich schaue Bela an und sage: »Okay.«

Er legt mir lederne Hand- und Fußfesseln an, an jeder blitzt ein Karabinerhaken aus Metall. Eine Augenmaske sorgt dafür, dass ich absolut nichts mehr sehe. Ich muss mich voll auf meinen Hörsinn verlassen und auf das, was ich spüre. Zunächst ist das Belas Hand, die sich in meine schiebt. »Komm mit«, sagt er. Wir gehen ein paar Schritte, und dann höre ich, wie er eine Tür öffnet. Ein kalter Luftzug macht mir Gänsehaut.

»Leg die Hände auf meine Schultern, wir müssen jetzt eine Treppe runter.«

Ich fühle seine weiche Haut, rieche aber einen Hauch von Kellermoder. Auch im Kopf bin ich zwiegespalten: Einerseits ist diese Aktion spooky, schließlich könnte sie gefährlich sein. Andererseits schießt Adrenalin durch meinen Körper wie bei einer Achterbahnfahrt. Und ich bin gerade mitten im Looping!

Gut, dass ich mich an Bela festhalten kann. Wir kommen am Ende der Treppe an, und er erklärt: »Nicht erschrecken, ich führe dich jetzt in einen Raum.«

Eine weitere Tür öffnet sich, und dieses Mal schlägt mir warme Luft entgegen. Hier müssen Kerzen brennen und zwar ziemlich viele. Die duften angenehm blumig, keine Spur mehr von Kellermuff. Bela führt mich an der Hand nach vorn, dreht mich dann um, sodass mein Po eine kühle Wand berührt. Meine Arme hakt er rechts und links ein – anscheinend an Metallketten, denn wenn ich mich bewege, klirrt es. Bela spreizt meine Beine und fixiert dann auch diese.

Auf einmal spüre ich sanfte Berührungen hier und da. Es fühlt sich an, als würden Schmetterlinge meinen Körper umflattern. Wann und wo sie landen, weiß ich nicht. Es kommt völlig überraschend. Bela öffnet meinen BH.

Meine Oberweite ist nicht gigantisch, aber auch nicht gerade klein. Bela ändert seine Technik: Jetzt gleiten seine Hände fließend über meinen Körper. Er massiert mich mit warmem Öl und nimmt sich viel Zeit für meine Brüste.

Dann zieht er mein Höschen runter und fängt an, mich oral zu befriedigen. Er macht das so gut, dass ich beim Kommen heftig zittere und so die Ketten wieder ordentlich zum Klirren bringe.

Es ist das erste Mal in meinem Leben, dass ich beim Sex keinen Finger rühren muss! Nicht, dass ich faul wäre. Ich bin sonst immer sehr aktiv. Aber mal nur die Nehmende sein zu können – das ist eine ganz andere Dimension.

Bela löst meine Fesseln und nimmt mir auch die Augenbinde ab. Ich muss ein paarmal blinzeln, um mich nach der totalen Dunkelheit ans Licht zu gewöhnen. Es brennen wirklich rundherum Kerzen. Die Wand, an der ich gerade gestanden habe, besteht aus grauem Beton. In den sind überall Haken und Karabiner eingelassen, von denen Metallketten baumeln, genau wie von der Decke. An einer Wand lehnt ein Regal mit Sexspielzeugen, aber die meisten davon sind noch mit schwarzen Tüchern verhangen. Es stehen verschiedene Hocker und Bänke herum, die mit dunklem Kunstleder bezogen sind.

Bela muss zwischendurch seine Unterhose abgestreift haben. Unweigerlich bleiben meine Augen an seinem erigierten Glied hängen. Das kam bisher noch gar nicht zum Zug, Bela hat offenbar eine extrem gute Selbstkontrolle.

Er dirigiert mich nun rücklings auf eine Art Streckbank. Meine Hände macht Bela hinter meinem Kopf fest, meine Beine drückt er auseinander und zieht sie an Ketten Richtung Decke. Sie formen ein V, zwischen dem ein lächelnder Bela steht. Es macht ihn sichtlich an, mich so wehrlos zu sehen.

Wenn ich meinen Kopf leicht anhebe, kann ich ihn auch ausführlich begutachten. Bela ist groß, sein Körper sehr definiert. Auf seiner Brust kräuseln sich dunkelbraune Haare. Das gefällt mir besser, als wenn ein Typ kahl rasiert ist.

Aber jetzt Schluss mit Gucken, es geht weiter: Bela holt einen Vibrator aus dem Regal und fängt an, ihn auf meinem Venushügel kreisen zu lassen. Ich schließe die Augen und genieße. Bela wechselt die Spielzeuge, keine Ahnung, was er da alles zur Hand nimmt. Aber es ist mir auch egal, denn es fühlt sich großartig an!

Bela befriedigt mich nicht anal, bezieht diese Region aber mit ein. Er traut sich zu testen, wie weit er gehen kann. Ich zähle nicht mit, wie oft ich komme. Aber bei jedem Zucken ziehen meine Beine an den Ketten. Das Arbeiten gegen einen Widerstand bringt mir einen zusätzlichen Kick.

Erst nach diesem irrelangen Spiel schläft er mit mir, streichelt dabei zärtlich mit einem Finger über meine Klitoris. Er spürt, was ich mag, und reagiert darauf. So schafft er es abermals, dass ich komme.

Er selbst tut das nicht. Stattdessen zieht Bela seinen Schwanz raus und geht hoch ans Kopfende. Er stellt sich neben mein Gesicht, sodass ich mit weit geöffneten Lippen nach seinem Teil schnappen kann. Ich will ihn jetzt unbedingt auch befriedigen! Bei seinem Orgasmus steht Bela im Hohlkreuz da, das Becken weit nach vorn geschoben. Er wirft seinen Kopf nach hinten, stöhnt animalisch. An seinem Oberkörper kullern Schweißperlen herunter, die sich in den kleinen Locken verfangen. Diesen Anblick werde ich nie vergessen!

Bela macht mich ganz liebevoll los und zeigt mir dann alle Spielzeuge, die er verwendet hat. Was, das war wirklich alles in mir drin? Das kann doch nicht sein ...

Es gibt zwei Duschen im Haus. Bela benutzt die kleine im Keller und überlässt mir das große Badezimmer im ersten Stock. Dort liegen schon Handtuch und Bademantel für mich bereit. Was für eine coole Kombination: Bela ist kein Weichei, sondern ein echter Mann, der mich hart rangenommen hat, und schafft gleichzeitig einen Rahmen, in dem ich mich absolut wohlfühle. Wir treffen uns in der Küche und er fragt: »Na, möchtest du noch einen Tee?«

Wir sehen uns mehrfach über einen Zeitraum von zwei Monaten – bis Bela eine Frau kennenlernt, in die er sich ernsthaft verliebt. Langweilig wird's bis dahin nie: Bei einem unserer nächsten Dates bindet Bela meine Handgelenke zusammen und lässt mich an einer Kette von der Decke hängen. Meine gespreizten Beine berühren gerade eben den Boden. Dann holt er einen Massagestab mit einem extragroßen Kopf aus dem Regal. Das Modell habe ich nur mal in einem Porno gesehen, und in mir kribbelt's schon bei dem Anblick.

Zunächst lässt er es ganz langsam rotieren und berührt damit nur leicht mein Becken. Dann wandert er rüber zu meinem Venushügel, immer näher an die Klit ran. Jetzt verstehe ich, warum dieser Stab in Pornos zur Standard-Requisite zählt. Ich komme so stark, dass ich das ganze Haus zusammenschreie! Gut, dass Bela da allein wohnt.

Irgendwie kriege ich mit beiden Händen die Kette zu fassen, an der ich baumle, und ziehe mich voller Ekstase ein Stück weit daran hoch. Ich halte mich gefühlt zwei Minuten lang in dieser Position, mein ganzer Körper ist angespannt. So was habe ich noch nie erlebt.

Als Bela mich losmacht, sacke ich völlig erschöpft in seinen Armen zusammen. Ich bin fix und fertig – und zwar auf die schönste Art, die ich mir vorstellen kann.

Da weiß ich: Das ist mein Sex! Der Fachbegriff lautet BDSM, das ist die Abkürzung für »Bondage & Discipline, Dominance & Submission, Sadism & Masochism«. Wobei ich den letzten Teil dieses Kürzels nicht haben muss – extreme Schmerzen sind nicht mein Ding. Größere Lust bereitet mir der Umstand, dass ich dem anderen ausgeliefert bin. Es ist paradox, aber dadurch fühle ich mich geborgen. Jemand anderes hält die Fäden in der Hand, ich muss mich um nichts kümmern.

Was ich früher im Bett erlebt habe, war auch nicht schlecht, jedoch gar kein Vergleich zu den extremen Orgasmen mit Bela. In meiner devoten Rolle komme ich viel intensiver, weil ich mich besser auf mich und meinen Körper konzentrieren kann.

Ich habe großes Glück, dass meine erste BDSM-Erfahrung so positiv verlaufen ist. Von da an will ich nichts anderes mehr. In meinem Online-Profil wandern Kuschel- und Blümchensex weit nach hinten. Bei »Unbedingt« gebe ich jetzt an, dass ich es mag, devot zu sein und gefesselt zu werden.

Und diese neue Lust kann ich auch mit einem alten Kontakt befriedigen: Der Sex mit Boris war wirklich gut, aber wir haben uns irgendwann aus den Augen verloren. Durch einen Zufall fangen wir wieder an, uns zu schreiben. Ich erzähle ihm von meinen Fessel-Erfahrungen – und wäre nie auf die Idee gekommen, dass ich damit einen Nerv treffe!

Boris hat Bondage-Fantasien, die er bisher noch nicht ausgelebt hat. Na dann … Mit Knoten und Seilen kennt er sich immerhin aus, er ist ein passionierter Kletterer.

Er lädt mich zu sich ein, und wir kommen fast ohne Worte aus. Boris zieht mich in seine Wohnung und streift mir mein Strickkleid über den Kopf. Ich werde meine Strumpfhose los und stehe nur noch in Unterwäsche vor ihm. Boris führt meine Hände vorm Bauch zusammen, und dann zückt er – ich wusste es! – sein Kletterseil. Mit einem Grinsen bindet er mir die Handgelenke zusammen und beendet sein Werk mit einem professionellen Bergsteigerknoten.

Er hat extra eine Augenmaske besorgt, die er mir anzieht. Dann führt er mich ins Wohnzimmer und befiehlt mir, mich mit dem Rücken auf den Boden zu legen.

»Streck deine Arme schön über den Kopf, die müssen da bleiben.« Ich mag es, wenn er Ansagen macht.

Ich höre, wie er sich auszieht, seine Gürtelschnalle klickt. Boris fängt ganz langsam an mich zu berühren, mal mit nur einem Finger, mal mit der ganzen Handfläche oder seinem Oberkörper. Eigentlich sind wir uns ja schon sehr vertraut, doch unter diesen Umständen fühlt sich jeder Griff neu an.

Seine Hände erreichen mein Höschen und ziehen es kräftig nach oben in den Schritt. Ich bin so erregt, dass dort unten alles schon ganz geschwollen ist. Die raue Spitze löst auf meinen Schamlippen noch mal ganz neue Sensationen aus. Und Boris macht weiter: Er zieht, lässt los, zieht, lässt los. Ich winde mich, und der Teppich kratzt leicht meine Haut – ein zusätzlicher Reiz!

Boris hebt meine Brüste aus dem BH, bevor er diesen öffnet und beiseite wirft. Seine Hände gieren nach unten. Ich will ihn jetzt und bettle: »Mach endlich weiter, ich halte es nicht mehr aus!« Ich kann ja sein Gesicht gerade nicht sehen. Aber müsste ich tippen, würde ich sagen, er schmunzelt.

Boris schiebt meinen Slip von den Beinen. Ja, ja, ja! Dann steht er auf und geht aus dem Zimmer. Waaaaaaaas?

Ich höre seine nackten Füße auf dem Parkettboden. Plötzlich wird es warm um meinen Bauchnabel herum. Boris hat Öl geholt, das er schnell mit seinen Händen verteilt. Auf meinen Brüsten, auf meinen Schenkeln – und auf meinem Venushügel. Endlich kommen seine Finger an meinen Schamlippen an. Ich hab's so erwartet!

Ich liebe es, gefingert zu werden. Das warme Öl, seine kräftigen Hände – das ist irre!

Er zieht sich ein Kondom über und dringt in mich ein. »Stillhalten und die Hände schön über den Kopf!«, befiehlt er mir.

Seine Bewegungen werden heftiger, das Öl macht sie noch schneller. Ich komme so intensiv, dass ich weinen muss. Ich trage noch immer die Maske, und Boris nimmt sie mir auch nicht ab. Aber er befreit meine Handgelenke, umarmt mich und hält mich ganz fest. Ein unglaublich intimer Moment.

Ob er daran denkt, wenn er das nächste Mal mit diesem Seil in den Händen an einer Steilwand baumelt?

Das BDSM-Thema lässt mich nicht los. Auch nicht, als ich wieder in einer festen Beziehung bin. In einem Sexshop kaufe ich eine Ledergerte. Ich nehme sie in die Hand und weiß sofort: Die gehört zu mir!

Genau wie Thomas, zumindest für ein paar Monate. Er hat noch nie eine Frau beim Sex geschlagen, geht aber ziemlich locker mit meiner Aufforderung um. »Wenn du willst, probier ich das.«

Er gibt mir ab und zu einen Klaps. Wir gucken auch Pornos und versuchen, Sachen nachzumachen, aber irgendwie habe ich das Gefühl, dass wir den Rat eines Experten brauchen. Im Internet finde ich eine ehemalige Domina, die Schlag-Workshops anbietet. Ich schenke Thomas und mir einen. Wir sind beide aufgeregt: Was erwartet uns? Und wie professionell kann so was sein?

Sehr, das erkennen wir auf den ersten Blick. Die Location ist nicht schmuddelig, sondern gleicht einer schicken Lounge mit schwarzen Wänden, ein paar weißen Sesseln und lila Kissen. Dazwischen stehen ein Bock, eine Bondage-Liege und ein großer Esstisch mit sechs Stühlen – alles in Schwarz.

Wir schauen uns gerade noch neugierig um, da betritt auch schon unsere Lehrmeisterin den Raum. Gina, eine Domina, wie sie im Buche steht. Ihre langen Beine stecken in Netzstrümpfen, an ihren Körper schmiegt sich ein enges Lederkleid, und die schwarzen Lackstiefel reichen bis übers Knie. Hinter ihr kommt Markus herein, ihr Sklave. Ein Typ in Stoffhose und Pullover, der unterwürfig den Kopf gesenkt hält.

Thomas und ich sind das einzige Pärchen. Ansonsten wollen heute nur noch drei Männer lernen, wie fachgerechtes Schlagen funktioniert. Ich bin also die einzige Frau unter den Gästen, und es ist spannend zu beobachten, wie sehr Sklave Markus um mein Wohl besorgt ist. Gina hat ihn darauf getrimmt, sich zu kümmern. Diese Aufgabe erfüllt er ganz wunderbar: Ich habe noch nie so viel unaufdringliche Aufmerksamkeit erfahren wie an diesem Abend.

Zusammen mit den anderen Teilnehmern setze ich mich an den Esstisch, und während Ginas Ausführungen ist mein Glas nie leer. Markus späht auch aus, welche der bereitgestellten Snacks ich am liebsten mag.

Erst kommt der Theorieteil: Gina händigt uns Unterlagen mit allerlei Erklärungen aus. Was genau sind Gerten? Und was Peitschen? Welche Arten gibt es und welche Schmerzen verursachen sie? Wohin darf man schlagen? Und wohin auf keinen Fall?

»Nie auf Gelenke oder Adern«, erklärt sie. »Auch nicht auf den Hals, denn da verläuft die Hauptschlagader.« Die besten Zonen? »Po, Oberschenkel und Oberarme.«

Es folgt der Praxisteil: Markus muss sich komplett ausziehen und sich so auf dem Bock platzieren, dass wir auf sein wohl geformtes Hinterteil blicken. Dann dürfen wir an ihm üben. Aber Gina schlägt jedem von uns einmal mit dem Paddle, der Gerte und der Peitsche auf die Handfläche, damit wir die Wirkung dieser Gerätschaften am eigenen Körper erfahren.

Sie macht auch vor, wie man eine Peitsche richtig schwingt. Das ist wirklich schwierig! Schließlich will man ja nicht aus Versehen sehr empfindliche Stellen treffen … Wichtig ist, vorher den Abstand genau auszumessen. Du musst gucken, wie lang die Peitsche ist, und dich dann so positionieren, dass das Ende gerade eben den Po erreicht – oder einen anderen gewünschten Ort. Dann stellst du dich breitbeinig hin, nimmst den Peitschengriff in die rechte Hand und schnappst dir mit der linken das Ende. Du holst nach hinten aus, so wie mit einer Angelrute, lässt zeitgleich das Ende los. Und dann knallt's! Gina sagt, das sei die beste Technik. Die muss man aber üben, bis man sie so elegant beherrscht wie unsere Kursleiterin.

Gina korrigiert uns penibel. »Nee, jetzt mach das noch mal so, und stell dich dabei so hin. Pack richtig zu! Nicht so läppisch!« Da wissen alle genau, wer hier die Hosen anhat.

Das spüren wir auch während einer Szene, die sich später direkt vor unseren Augen abspielt: Markus sinkt vor Gina auf ein Knie, so, als wolle er ihr einen Antrag machen. Doch er bedankt sich nur dafür, dass er beim Workshop dabei sein durfte. Sie reicht ihm die Hand – und steigt ihm dann mit ihrem Stiefel heftig auf den nackten Fuß. »Du weißt doch, dass ich es nicht mag, wenn du dich so hinkniest!«

Markus verzieht keine Miene, Gina streichelt ihm über den Kopf, und alles ist wieder gut. Wow, was für eine Abschluss-Szene!

Nach diesem Workshop ist Schlagen für Thomas und mich nie mehr so, wie es vorher war. Wir legen uns ein

Paddle und eine Peitsche zu, das reicht. Ich brauche keine 500 Teile, um einen guten Orgasmus zu erleben.

Allerdings werde ich nicht nur experimentierfreudiger, was die Accessoires angeht … Ich probiere auch aus, wie sich Sex mit Frauen anfühlt. Interessant fand ich sie schon immer, aber ich wusste nie, wie weit ich im Ernstfall gehen würde.

Aufs Ganze! Das ergibt sich beim Selbstversuch. Was interessant ist: Lande ich mit Frauen im Bett, schlüpfe ich dabei automatisch in die dominante Rolle. Vielleicht liegt es an meinem Körper – ich bin 1,80 Meter groß und habe weibliche Rundungen. Eine zierliche, schlanke Frau ist in dieser Konstellation von Natur aus die Schwächere.

Mit Frauen benutze ich keine Schlagutensilien. Aber ich fasse ihre Brüste fester an, ziehe auch mal an den Haaren, drücke sie aufs Bett und gebe Befehle.

Wenn du es schaffst, dass eine Frau durch dich kommt, weil du sie richtig fingerst, küsst oder leckst … Wenn du ihr genau das geben kannst, was sie in dem Moment braucht – dann ist das das Größte! Sie wälzt sich vor dir vor Leidenschaft hin und her, ihre Vagina krampft sich um deine Finger zusammen. Da kann keine Erfahrung mit einem Mann mithalten.

Ich habe danach sogar was mit ein paar meiner engsten Hetero-Freundinnen! Eine überrascht mich total. Wir trinken eines Abends gemütlich Gin Tonic bei ihr, und ich tische ihr meine lesbischen Episoden auf. Da fragt sie: »Und wie lange müssen wir jetzt noch trinken, bis wir uns trauen?« Ich check's erst überhaupt nicht! Dann schmeichelt mir ihre Frage, denn sie ist eine sehr schöne, erotische Frau. Wir küssen uns. Erst spielerisch-sanft, dann stürmisch. Es folgen superschöne Stunden, die allerdings ein einmaliges Erlebnis bleiben, denn sie ist inzwischen verheiratet, und wir sind wieder einfach nur gute Freundinnen.

Je offener man für Neues ist, desto aufregender wird das Leben! Kürzlich war ich zum ersten Mal auf einer Fetisch-Party, die in einem Zug stattfand. Einmal im Jahr startet der spätabends am Hauptbahnhof. Er tingelt ein paar Stunden um die Stadt herum und hält im Morgengrauen wieder zischend am Ausgangsort.

Im Zug gibt es zwei Dancefloors mit Bar, einen VIP-Bereich mit Einzel-Separees und dazwischen sogenannte Play-Abteile. Die sind alle verschieden gestaltet. In einem kann man sich an die Wand ketten lassen, im anderen liegen Seile rum. Es sind nur 500 Karten verfügbar, und die sind ratzfatz ausverkauft. Ein kreatives Outfit ist Pflicht! Mit Jeans, T-Shirt und Sneakers kommst du da nicht rein, da sind die Veranstalter sehr streng.

Ich höre mich vorher extra in Foren um und gehe dann mit einem guten Freund shoppen, der aus der Gothic-Szene kommt. Wir betreten einen Laden, in dem nur schwarze Klamotten hängen. Ich kaufe mir ein schlichtes Minikleid mit tiefem Ausschnitt und langen Ärmeln. Das Material umspielt schön meine Hüften. Ein Korsagengürtel betont meine Taille und pusht meine Brüste nach oben. Um den Hals binde ich mir ein Lederband mit dezenten Stacheln und einem silbernen Ring. Dazu natürlich Nylonstrümpfe mit Strapsen und hohe Stiefel – perfekt!

Eigentlich will ich eine Freundin mitnehmen und habe

deswegen extra zwei Karten besorgt. Aber keine traut sich, und so verkaufe ich das Ticket noch kurzfristig an ein supernettes Mädel namens Lili. Sie geht mit einem Freund hin und fragt, ob wir uns nicht vor der Abfahrt am Bahnsteig treffen wollen.

Ich nehme mir ein Taxi, denn so aufgestylt möchte ich nicht mit den Öffentlichen fahren. Es ist 22.30 Uhr und der Bahnsteig voller fantasievoll gekleideter Menschen: Ich sehe sexy Gestalten ganz in Latex, Frauen mit extratiefem Rückenausschnitt oder ganz oben ohne. Durch die Menge streifen Männer im spärlichen Spartakus-Kostüm – also nur ein Lendenschurz – oder gut gebaute Polizisten mit Bart und Sonnenbrille. Da liegt Sex in der Luft!

Und damit nicht alle mitschnuppern, sprechen freundliche Ordner die Gaffer an: »Entschuldigung, kann ich Ihnen helfen? Wollen Sie auch zum Zug? Nein? Dann müssen Sie jetzt leider weitergehen.« Diese Szenen sind zum Schießen!

Im Zug ist es eng, du hast die ganze Zeit mit irgendwem Körperkontakt. Ich genieße es! Zusammen mit Lili und ihrem Freund Ben tanze und trinke ich, schließlich landen wir in einem der Play-Abteile. Man kann die Tür zumachen, aber die Scheiben zum Gang sind nur teilweise beklebt, sodass die Partymeute nicht alles sehen, aber doch ein bisschen reinschauen kann.

Mit Lili und ihrem Freund erlebe ich einen wunderbaren Dreier, bei dem uns selbstverständlich ständig andere Feiernde vom Gang aus zusehen. Manchmal halte ich deren Blick für ein paar Sekunden – und merke, dass mich das zusätzlich scharf macht. Lili holt meine Brüste aus dem Kleid und saugt so stark daran, dass meine Nippel am nächsten Tag ganz wund sind. Ich knutsche mit ihr, während Ben mich von hinten nimmt.

Ein weiteres Pärchen kommt in unser Abteil, und kurz darauf sind wir alle bunt durchmischt. Ich liebkose die Frau mit Ebenholzmähne, während ihr Begleiter sie vögelt. Lili streichelt mich, und Ben vögelt mit mir. Der Zug rüttelt uns durch, das Licht scheint milde rot. Es ist alles sehr liebevoll – obwohl es sich um unverbindlichen Sex handelt. Ein wundervolles Miteinander!

Nach diesem befriedigenden Sex im Play-Abteil lassen wir unsere Glücksgefühle auf der Tanzfläche raus. Ich schaue mich um und denke: Wow! Dass das Frauen heutzutage können! Überall tanzen unglaublich selbstbewusste, im Leben stehende Frauen. Sie sind toll angezogen, und du merkst, sie mögen sich und ihren Körper! Sie leben ihre Lust aus, ohne Scham und schlechtes Gewissen. Ohne zu denken: Was bin ich nur für eine? Das ist so schön anzusehen!

Ich habe erst durch das Dating-Portal entdeckt, dass ich auch in meinem Liebesleben eine Wahlfreiheit habe. Dass ich mich mit Männern *und* Frauen vergnügen kann. Dass ich selbst bestimmen kann, was bei unseren Verabredungen passiert. Ich gönne mir verschiedene Partner und lerne bei jedem Date dazu. Schließlich funktionieren alle Menschen anders!

Ich erlebe eine neue Freiheit. Und weiß daher endlich, wer ich als sexuelles Wesen bin. Ich habe mir eine eigene Identität erschaffen, eine ganz selbstbewusste. Mit der fühle ich mich so richtig wohl.

# Zehn (Höhe-)Punkte: Mein perfektes Dinner

## Conny, 51

Mach ich's, mach ich's nicht? Mach ich's, mach ich's nicht? Ich sitze vorm Computer und rupfe in Gedanken die zarten Blütenblätter eines Gänseblümchens aus. Schön langsam, eines nach dem anderen. Derweil prangt vor mir auf dem Bildschirm das Bild von zwei gut gebauten Kerlen: Mitte 50, groß, muskulös. Schick sehen sie aus, in Hemd und Jeans. Der eine hat süße Lachfalten, der andere sexy Husky-Augen. Beide lächeln entspannt in die Kamera und suchen laut ihren Texten eine Frau für einen Dreier. Und ich denke: Mit den beiden – warum eigentlich nicht?

Die Sache mit dem Dreier geistert mir schon lange im Kopf herum. Als Studentin hatte ich mal was mit zwei Jungs, aber in dem Alter fehlt eindeutig die nötige Gelassenheit. Die beiden verhielten sich wie konkurrierende Platzhirsche: Wer kann höher, schneller, weiter? Es war spannend, ich habe es nie bereut. Aber ich wusste: Das geht noch besser!

Vielleicht ja mit Peter und Daniel – so heißen die scharfen Männer auf meinem Bildschirm. Aber geht das nicht alles ein bisschen schnell? Es ist mein erster Abend auf der Dating-Plattform. Ich habe erst vor wenigen Minuten mein Profil angelegt. Dort steht bisher nur das Wesentliche: Alter, Größe, Gewicht, Haar- und Augenfarbe. Die Rubrik »Über mich« und »Meine Fantasie« habe ich leer gelassen. Noch. Ich will mich erst mal umgucken und dann weitersehen.

Ich war 20 Jahre lang verheiratet, hatte danach sechs Jahre lang eine Fernbeziehung. Statistisch gesehen, halten die im Schnitt drei Jahre, von daher lagen wir echt gut. Aber gut ging's mir nach der Trennung natürlich erst einmal überhaupt nicht. Ein halbes Jahr lang hatte ich keine Lust auf irgendwas, ich war frustriert von den Männern. Aber wie das so ist, wenn man untervögelt ist: Meine erotischen Fantasien veranstalteten in meinem Kopf wilde Partys. Auf eine neue Beziehung habe ich keine Lust, auf Sex schon. Daher ist das hier genau das Richtige für mich. Oder?

Meinen Exfreund hatte ich auch über ein Dating-Portal gefunden, daher stehe ich dieser Online-Kiste wahrscheinlich aufgeschlossener gegenüber als manch andere. Im Netz kann ich die Männer ansprechen, die mir gefallen. Die kommen im echten Leben nämlich selten auf mich zu. Andere würden mich wohl als Powerfrau bezeichnen, und so eine behandeln sie erst mal mit Respekt. Das ist schön und gut – hat aber zur Folge, dass ich eher von Typen angesprochen werde, die keine Bohrmaschine halten können. Also Softies, die eine starke Frau suchen. Das ist immer dasselbe Modell Mann, doch das macht mich so gar nicht an.

Die beiden Online-Kerle dagegen schon, und auch ihr Text gefällt mir. Der ist weitaus schöner geschrieben als die in den Profilen von »Rambo«, »Mr. Big Dick« oder dem von »Schnell-Lecker«. Ja, die tummeln sich auf diesem Portal auch. Und anscheinend gab's keinen Unterricht in Rechtschreibung und Zeichensetzung, als die in der Schule waren. Als Lektorin und Übersetzerin ist mir die Wahl der richtigen Worte und Satzzeichen aber wichtig. Auch privat!

Peter und Daniel klingen so, als hätten sie Hirn. Darum landet mein imaginäres Gänseblümchen im imaginären Straßengraben, und ich tippe los:

*Ihr seht ja so entspannt aus auf dem Foto. Seid ihr's auch im echten Leben?*

Womit ich überhaupt nicht gerechnet habe: Schon nach wenigen Minuten ploppt eine Antwort auf!

*Na klar,* schreibt Peter – der mit den Husky-Augen. Er erledigt also den Schriftverkehr, denke ich. Und lache, weil dieses Wort in diesem Zusammenhang eine ganz andere Bedeutung bekommt. Zwischen uns geht's auch schnell zur Sache, wir gehen gleich in medias res. Nach ein paar Sätzen fragt mich Peter: *Kannste unser Geheimnis erraten?*

*Nö!*

*Wir sind bi und tun's auch miteinander. Ist das ein Problem für dich?*

Ich schlucke. Meine Gedanken switchen zwischen »Hilfe, worauf lasse ich mich da ein?« und »Mach dich locker!« Peter kommt wahnsinnig cool rüber, und das bin ich zu dem Zeitpunkt ja noch überhaupt nicht. Also benötige ich ein paar Minuten, bis ich antworte: *Nein, das ist okay.*

*Bringt ja nichts, damit hinterm Berg zu halten. Wir sagen's immer sofort, sonst machen sich die Frauen falsche Vorstellungen.*

Aber was für Vorstellungen mache ich mir denn genau? Keine Ahnung! Ich bin einfach mutig und offen für etwas Neues. Doch ist das schlau? Wer weiß, wer sich wirklich hinter diesen Zeilen verbirgt! Ich bin schließlich eine Mutter von drei Kindern und trage Verantwortung …

Kürzlich las ich einen Witz über Frauen und Männer, die sich übers Telefon zu einem Blind Date verabreden. Die Angst der Frauen dabei: dass am anderen Ende der Leitung ein Serienmörder sitzt. Die Angst der Männer: dass ihre Gesprächspartnerin fett ist.

Aber zum ausführlichen Ausmalen irgendwelcher Angstfantasien habe ich gar keine Zeit. Denn schon kommt die nächste Nachricht.

*Es gibt noch was, was ich dir sagen muss … Wir stehen auch auf Fisten.*

Was? Dazu fällt mir erst mal nichts ein, denn das kam in meinen erotischen Gedankengängen bisher noch nie vor. Aber ich bin bereit, neue Dinge auszuprobieren. Um so lässig wie möglich zu klingen, schreibe ich:

*Na, das habe ich mir doch schon gedacht!*

Auch, wenn das überhaupt nicht stimmt. Fake it till you make it, sage ich nur.

Die wichtigsten Dinge sind nun geklärt. Und von da an beginnt das verbale Vorspiel. Peter und ich machen uns eine Woche lang richtig heiß. Ein Treffen zu dritt wird so schnell nicht klappen, weil Daniel gerade im Urlaub ist. Eines Abends geht's zwischen Peter und mir schriftlich so heftig her, dass er meint:

*Ich würde am liebsten sofort zu dir kommen!*

*Mach doch!*

*Aber du wolltest doch eigentlich zwei Männer ... Ich bin nur einer!*

*Zur Not tut's das auch.*

Natürlich klingt das auch wieder viel lässiger, als ich mich gerade fühle. Es ist schon 22 Uhr, aber Peter setzt sich ins Auto und ist nach einer Stunde bei mir in Hannover. Ich nutze die Zeit, um schnell zu duschen und ein passendes Outfit zu wählen. Ich entscheide mich für ein eng anliegendes schwarzes Oberteil und einen knielangen schwingenden Rock. Erst will ich auch noch zu einem schwarzen Spitzenslip greifen, doch dann lasse ich ihn weg. Das wird sich noch als weise Entscheidung herausstellen ...

Als ich die Haustür öffne, grinst mich ein ebenfalls frisch geduschter und parfümierter Peter an – und knutscht mich erst mal ab. Gut, dass er mich fest in seinen starken Armen hält, denn mir knicken die Beine weg. Er ist echt ein Profi in dem, was er tut!

Auf dem Weg nach oben geht's munter weiter. Peters Hände ertasten schnell, dass ich nichts drunter trage. Und seine Finger tauchen dort ein, wo's schon mehr als feucht ist. Ich kann nicht fassen, wie schnell das alles passiert! Schließlich landen wir im Schlafzimmer, und nach zehn Minuten habe ich den ersten Orgasmus. Nach 20 Minuten steckt er anal in mir drin. Was ist denn los mit mir?

Beim sechsten Orgasmus höre ich auf zu zählen. Wo der Mann hinlangt, da brennt's. Unglaublich!

In dieser Nacht geschieht das, was ich vorher immer für einen Mythos gehalten hatte: LIFE CHANGING SEX! Ich erkenne meinen Körper nicht wieder, wusste gar nicht, dass er zu so etwas fähig ist. Zu so vielen Orgasmen in so kurzen Abständen. Und wer hätte gedacht, dass ich im Bett so eine Sau sein kann! Ich mache einfach mit. Genieße. Und lasse meine Lust laut raus.

Ich war immer schon sehr aufgeschlossen und aktiv. Aber das mit Peter ist trotzdem etwas anderes, denn bisher musste ich in der Regel die Männer knacken. Ich musste ihnen beibringen: Lass mal los, lass mal zu. Ich holte ganz viel aus ihnen heraus. Jetzt hat das zum ersten Mal ein Mann mit mir gemacht!

Peter ist sehr erfahren, er kennt sich wahnsinnig gut mit einem Frauenkörper aus. Er weiß seine Hände und Zunge einzusetzen, hat die anatomische Karte mit dem weiblichen G-Punkt anscheinend auf die Iris tätowiert. Gleichzeitig entpuppt er sich als totaler Kuschler. Noch nie hat ein Mann seine Beine so mit meinen verschlungen. Da entstehen regelrechte Knoten! So nah, so eng – diese Nacht ist einfach schön.

Bis vier Uhr morgens sind wir zugange. Danach bleiben mir nur noch zwei Stunden Schlaf, denn ich muss um sieben Uhr den Zug nach Berlin bekommen, ein dringender Geschäftstermin! Ich werde für drei Nächte dort bleiben und muss in Windeseile meine Tasche packen. Eigentlich wollte ich das am Abend vorher gemacht haben – aber dann kam ja Peter dazwischen. Er fährt mich, mehrfach die Straßenverkehrsordnung brechend, zum Bahnhof, und ich springe in den Zug, eine Minute bevor er losrollt. Schwitzend sinke ich in den Sitz und blicke bis zum Ziel verträumt lächelnd aus dem Fenster.

Wenige Wochen später folgt ein Einzeltreffen mit Daniel, weil jetzt Peter im Urlaub ist. Die beiden sind sich verdammt ähnlich, stelle ich dabei fest ... Wie gut! Ich erfahre, dass sie intensiv unterwegs sind, sie gehen oft auf Sexpartys und besuchen Swingerclubs.

Dass ich mich überhaupt mit ihnen treffen kann, ist meiner neuen Freiheit geschuldet. Meine zwei älteren Töchter sind längst aus dem Haus, aber mein Sohn ist 19 und steht kurz vor dem Abi. Als ich meine Online-Suche startete, machte er gerade einen einjährigen Schüleraustausch und war in Frankreich. Ich hatte also ganz plötzlich mehr Zeit und Raum, um endlich auch mal was nur für mich zu tun. Ich musste mich nicht kümmern und auch keine Rücksicht nehmen.

Um eins klarzustellen: Ich bin gern Mutter. Aber ich war rund zehn Jahre lang entweder schwanger oder habe gestillt, meistens beides gleichzeitig. Ich mutierte zum Muttermilchmonster, zum Mumimo. Die ganzen 1990er-Jahre haben Leute mir von irgendwelchen Kneipen erzählt. Als ich da endlich mal hinwollte, hatten die längst dichtgemacht.

Aber ich habe diese Zeit trotzdem von ganzem Herzen genossen, denn vorher hatte ich als Studentin schon lustig gelebt und bin dann voller Elan rein in die nächste Phase.

So wie jetzt: Es kommt endlich zur ersten Nacht zu dritt. Die ist der Hammer – aber ich habe nach meinen bisherigen Erfahrungen mit den beiden auch nichts anderes erwartet. Peter und Daniel sind ein eingespieltes Team. Sie wissen genau, wie man das macht, und stümpern nicht rum. Ich bekomme das absolute Deluxe-Treatment!

Wir treffen uns wieder bei mir, und ich fühle mich extrem geborgen, als ich zwischen Peter und Daniel im Bett liege, weil sie so fürsorglich sind. Sie merken wohl auch, dass sie in mir jemanden gefunden haben, den es nicht so oft gibt: nämlich einen Menschen, mit dem es auch auf intellektueller Ebene passt. Wir lachen viel, nehmen das Ganze nicht so ernst und verbissen. Es geht nicht um Performance, sondern um Spaß.

Peter bringt eine Art Wunderkoffer mit, der voller nützlicher Utensilien ist: diverse Dildos, Butt-Plugs, Nippelklemmen, Gleitcreme und massenhaft Kondome, das ist unabdingbar bei solchen Geschichten.

An diesem Abend weihen mich die beiden auch in die hohe Kunst des Fistens ein. Ich streife mir einen Einmal-Handschuh über die rechte Hand und probiere es unter Daniels Anleitung aus. Peter liegt auf dem Rücken auf der Matratze – in Genießerstellung wie ein alter Römer, dem gleich die Weintrauben vor den Mund gehalten werden.

Ich verteile Gleitcreme auf meiner Hand und lasse sie ganz langsam in seinen Po gleiten, Millimeter für Millimeter. Bis zum Handgelenk. Meine Hände sind nicht gerade zierlich, aber es funktioniert trotzdem. »Langsam, langsam … Nicht drehen«, raunt Daniel mir zu.

Ich bewege meine Finger ganz sanft und finde mit Daniels Hilfe Peters Prostata, die ich dann massiere. Peter stöhnt lustvoll. Und es fühlt sich gigantisch an, als er kommt. Ich hätte nie gedacht, dass mir das so viel Spaß bereitet: einen Mann zu erleben, der sich derart öffnet – im wahrsten Sinne des Wortes. Wie es den durchschüttelt! Das ist ein Erlebnis.

Diese beiden Männer eröffnen mir eine völlig neue Welt, aber ich fühle mich total wohl und sicher bei ihnen. Nie drängen oder überfordern sie mich. Sie nehmen mich an die Hand – weil sie spüren, dass bei mir eine gewisse Neugier vorhanden ist.

Drei Jahre ist diese Dreier-Premiere jetzt her, und ich muss sagen, ich spüre zwischen uns eine größere emotionale Nähe als in allen meinen Beziehungen davor. Weil Peter und Daniel mich so sehen, wie ich bin, als kluge, attraktive und aufgeschlossene Frau. Meinem Mann war wohl nie klar, was für ein Schätzchen er zu Hause hatte. Er liebte nicht mich, sondern ein Bild von mir. Wenn ich dem nicht entsprach, gab's Liebesentzug. Ich musste mich ständig verrenken und zurückstecken.

Aber obwohl die Nächte mit Daniel und Peter phänomenal sind, sehen wir uns nur in großen Abständen. Solche Abenteuer darf man für meinen Geschmack nicht allzu oft erleben, sonst nutzt es sich ab. Ich brauche das nur als Schmankerl ab und zu.

Wir planen unsere Treffen wochenlang im Voraus. Ich freue mich riesig darauf und bestelle im Internet die passenden Klamotten. Zum Beispiel einen schwarzen Bodystocking, das ist wie ein Strumpfhosen-Catsuit – mit eingewebtem Blumenmuster und Aussparungen an den strategisch wichtigen Stellen. Ich bin über 50 und habe die ein oder andere Krampfader. Die sieht man unter diesem Anzug nicht, und meine Oberarme wirken auch gleich straffer. Ich fühle mich gleich wohler und nicht ganz so nackt.

Ich komme immer mehr aus mir raus und wünsche mir eines Tages, dass wir mal zusammen in einen Swingerclub gehen. Meinen Mann hatte ich früher auch mal mit viel Hartnäckigkeit dazu überreden können. Wir kamen aus dem Umkleidebereich, bestellten uns einen Sekt – und wer saß am anderen Ende des Raumes? Sein Chef. Bevor er auch uns erspähen konnte, flitzten wir wieder in die Umkleide. Da pellten sich gerade noch Leute aus ihren Klamotten, die uns eben hatten reingehen sehen.

»Was, ihr haut schon wieder ab?«

»Ja! Der Chef!«, antworteten wir kurzatmig, während wir uns in Windeseile wieder anzogen.

»Ach Scheiße, na dann …«

Der Versuch damals ging also in der Hose. Der mit Peter und Daniel nicht: Er wird zum vollen Erfolg! Zwischen den beiden fühle ich mich auch an diesem Ort wieder sehr beschützt. Als Frau muss man sich im Swingerclub eigentlich erst mal erwehren, aber darauf brauche ich gar nicht zu achten, das machen die beiden schon für mich. So passiert auch nur das, was ich wirklich will.

Ich genieße die Atmosphäre. Dieses Verruchte, das einem das Gefühl gibt, etwas Böses zu machen. Allein das hat seinen Reiz! Außerdem wartet auf mich noch eine Überraschung, von der ich nichts ahne …

Mit Peter hatte ich einmal darüber gesprochen, warum mich mehrere Männer im Bett so anmachen. »Ich kann einfach nicht genug bekommen«, hatte ich ihm erklärt. »Am liebsten würde ich überall einen Schwanz spüren.« Ich verriet ihm eine meiner Fantasien: dass mir beim Orgasmus zwei Männer von links und rechts auf die Brüste spritzen.

An diesem Abend werde ich in der schummerigen Ecke einer Liegefläche von Peter und Daniel verwöhnt. Es ist geil wie immer. Aber kurz bevor ich zum Höhepunkt komme, bemerke ich aus dem Augenwinkel, wie Peter eine Handbewegung macht. Was soll das? Er winkt zwei Jungs heran, aber ich bin schon so jenseits von Gut und Böse, dass ich gar nicht richtig checke, was vor sich geht. Meine Erregung überrollt mich, ich kann sie nicht stoppen. Ich komme – und in dem Moment spüre ich, wie etwas Warmes auf meine Nippel klatscht und langsam hinunterrinnt. Die beiden Fremden haben wirklich abgespritzt! Wow! Ich liege zitternd da und muss einfach nur grinsen.

Meinem Mann konnte ich 17 Jahre lang von meinen Wünschen erzählen, und er ging nicht darauf ein. Und dann erwähne ich Peter gegenüber mal so etwas am Rande – und zack, wird es wahr! Er hat mir genau zugehört und mir einen erotischen Traum erfüllt. Peter macht einfach! Und das ist für mich das Schöne, denn normalerweise bin ich die Macherin. Ich habe drei Kinder großgezogen, dabei immer gearbeitet, den Haushalt organisiert und alles andere gleich mit. Jeden Urlaub habe ich geplant, jede Fährfahrt gebucht, jeden Flug und jeden Mietwagen. Und plötzlich ist da jemand anderes, der organisiert und die Dinge im Blick hat. Wie herrlich!

Peter und Daniel lassen eine weitere Fantasie Wirklichkeit werden: Ich habe schon immer davon geträumt, gleichzeitig vaginal und anal penetriert zu werden. Anatomisch betrachtet ist das gar nicht so einfach … Wir tun es im Separee eines Swingerclubs. Auch da sind die beiden wieder einfühlsam, wollen nicht vor allen mit mir rumexperimentieren. Peter und ich vögeln in Reiterstellung, ich sitze auf ihm. Und dann dringt Daniel von hinten in mich ein. Ich kann mich nicht sehr viel bewegen. Muss ich aber auch nicht. Ich bin komplett ausgefüllt. Da ist schon das Innehalten und Spüren der reine Wahnsinn!

Mein mentaler Speicher füllt sich mit einmaligen Erinnerungen. Er wächst und wächst – auch durch eine besondere Einladung, die ich eines Tages von Peter und Daniel erhalte. Sie fragen, ob ich mit fünf weiteren Gästen an einer Soiree teilnehmen möchte, die sie veranstalten. Natürlich ist das kein gewöhnliches Zusammentreffen. Es geht um Genuss – leiblichen und körperlichen. Peter serviert bei sich zu Hause ein Drei-Gänge-Menü. Beim Essen und danach darf man dann die Gäste vernaschen, auf die man Lust hat.

Allein beim Gedanken daran bekomme ich Appetit! Ich sage zu, habe allerdings einen ganz schönen Bammel. Schließlich habe ich erfahren, dass die anderen Gäste sich schon untereinander kennen. Peter und Daniel tischen alle paar Monate auf. Und ich bin quasi die neue Delikatesse. Werden die anderen mich mögen? Finden sie mich sexy? Und ich sie? Aber da ich Peter und Daniel bisher immer vertrauen konnte, tue ich es auch dieses Mal. Peter hat ein gutes Händchen für Menschen. Er weiß, wer mit wem kann.

Die Kleiderwahl für diesen Abend ist einfach: Peter steht auf rot lackierte Finger- und Fußnägel, Daniel auf Korsagen. Das gibt schon mal eine Richtung vor. Ich wähle ein schwarzes Modell mit Strapsen und dünnen Seidenstrümpfen, durch die meine feuerroten Fußnägel blitzen. Darüber ziehe ich eine schwarze Marlene-Hose und ein schickes graues Wickeloberteil.

Als ich Peters Wohnung betrete, duftet es schon herrlich nach einem Lammbraten, der im Ofen brutzelt. Peter selbst trägt eine Kochschürze – und sonst nichts. Die Enden der fein säuberlich am Rücken gebundenen Schleife streifen seine schönen runden Pobacken, als er vor mir hergeht und mir alles zeigt.

Erst geht es in die Küche. Vor zwei Tagen hat er schon mit der Vorbereitung der ersten Köstlichkeiten begonnen, auf dem Herd köcheln jetzt Schalotten im Rotweinsud.

Nebenan im Wohnzimmer ist alles perfekt hergerichtet. Kerzen spenden warmes Licht, das sehr zuträglich ist – schließlich sind wir alle nicht mehr die Jüngsten. Rechts steht eine lange schwarze Tafel, an der für alle Platz ist. In der linken Zimmerecke laden zwei Sofas zum Lümmeln ein. Davor dient eine große Matratze als Spielwiese.

Die anderen Gäste sind schon da, und ich bin froh, dass ich einigermaßen schick angezogen bin. Auf den ersten Blick sehe ich akkurat gebügelte Hemden, einen Kaschmirpulli und eine schicke Seidenbluse. Ein Ehepaar gehört zur Runde – beide Juristen. Ansonsten nur Singles – ein Unternehmer mit eigener Firma, eine Chemikerin und eine Zahnärztin.

Bei einem Glas Sekt machen wir zunächst ganz normal Small Talk und verstehen uns prima, was mich lockerer werden lässt. Ich unterhalte mich mit der Zahnärztin, Ende 30, mit adrettem Pagenschnitt, schwarzem Kostüm und Perlenkettchen. Eher schüchtern, finde ich. Wäre ich ihr auf der Straße begegnet, hätte ich im Leben nicht gedacht, dass sie ihre Abende auf diese Weise verbringt!

Doch als wir uns in Peters Schlafzimmer unserer Straßenkleidung entledigen, schwant mir, dass sie's faustdick hinter den Ohren hat. Unter ihrem konservativen Outfit trägt die Zahnärztin eine weinrote Korsage und farblich dazu passende Strapse. Etwa eine Stunde später reitet sie auf einem Schwanz, hat einen zweiten im Hintern, und als ein dritter Mann an ihr vorbeikommt, schnappt sie sich mit dem Mund auch noch sein bestes Stück.

Seit diesem Erlebnis gehe ich mit völlig anderen Augen durch die Welt. Ich traue jedem alles zu!

Doch zunächst nehmen wir an der Tafel Platz, prosten uns zu, machen Witze. Eigentlich alles wie bei einem ganz normalen Abendessen unter guten Bekannten. Mit dem kleinen Unterschied, dass die Männer alle nackt sind oder Stringtangas tragen und die Frauen ihre Körper in sexy Dessous gehüllt haben.

Schon beim ersten Gang – einem Rote-Bete-Süppchen mit Trüffelschaum – fangen wir unterm Tisch an zu fummeln. Der Koch kommt herein und wedelt scheinbar entrüstet mit einem großen Kochlöffel: »Doch nicht schon bei der Vorspeise!« Dieser Satz wird zum Running Gag, so ähnlich wie das Stolpern über den Tigerkopf beim legendären »Dinner for one«. Bei unseren zukünftigen Treffen warten alle schon sehnsüchtig darauf!

Auch unabdingbar ist die Fachsimpelei übers Essen. Gerade die Herren am Tisch lieben das! Sie wollen genau wissen, wie Peters Trick für das besonders zarte Lammfleisch lautet und wie er die Soße gekocht hat. Ist da wirklich Ingwer drin, wie einer es herausgeschmeckt haben will? Ein anderer tippt außerdem auf Sternanis und leckt sich genüsslich die Lippen. Peter strahlt, weil es allen so gut schmeckt. Würde eine Fernsehkamera laufen, bekäme Peter von mir auf jeden Fall zehn Punkte für sein Essen und die Atmosphäre.

Bei einem perfekten Dinner wie dem unseren hätten die Zuschauer wenigstens mal so richtig was zu gucken, denn nach dem Hauptgang verbrennen wir auf die wohl schönste Weise ein paar Kalorien. Ich lasse mich erst einmal ausgiebig von dem Unternehmer lecken. Der Jurist macht sich an seiner Gattin zu schaffen, woraufhin Daniel scherzhaft ruft: »Hey, Finger weg von deiner eigenen Frau!« Es geht unglaublich lustig zu. Ich möchte nicht wissen, wie viele Orgasmen an diesem Abend durch lautes Lachen übertönt werden.

Eine der Damen nimmt gerade beim Oralsex den Mund sehr voll, als ein anderer Mann sie etwas fragt. Sie murmelt eine unverständliche Antwort, woraufhin ich kommentiere: »Ja, ab 200 Gramm wird's undeutlich.«

An diesem Abend kann zwar jeder mit jedem wie im Swingerclub, aber die Stimmung ist doch eine ganz andere, denn mit diesen Menschen würde ich mich auch genauso gut amüsieren, wenn wir nur zusammen essen und Wein trinken würden.

Mit jedem Treffen werden wir uns vertrauter. Nach einer Weile wissen alle, worauf die anderen stehen. Der Unternehmer zum Beispiel mag es, wenn man ihn kurz vor dem Orgasmus ordentlich in die Brustwarzen kneift.

Zwischendurch gehen wir Frauen auch mal alle zusammen raus auf die Dachterrasse, rauchen eine und beobachten durchs Fenster, wie sich die Männer untereinander beschäftigen. Für sie gibt's nämlich ein wichtiges Aufnahmekriterium: Sie müssen bi sein, genau wie die Gastgeber.

Auf der Terrasse hat Peter große Sonnensegel gespannt, damit wir uns dort im Sommer auch nackt aufhalten können, ohne gesehen zu werden. Zur Sache darf es aber nicht gehen – und wenn, dann nur leise. Die Nachbarn, die oben drüber wohnen, bekommen sonst alles durchs offene Fenster mit.

Als wir uns an diesem Abend nach dem Dessert – Crème brûlée mit Waldbeeren – noch eine ordentliche Portion Sex gönnen, klopft plötzlich ein anderer Hausbewohner an die Tür. Peter zieht sich schnell was über, geht sich mit den Fingern durch die Haare und schließt die Wohnzimmertür von außen hinter sich. Wir hören, wie er dem Nachbarn öffnet und der sich lautstark beschwert: »Jetzt drehen Sie doch bitte mal den Pornokanal leiser!«

Wir können nicht mehr und platzen hinter vorgehaltener Hand fast vor Lachen. Danach machen wir weiter – auch mit vorgehaltener Hand, um die Lustschreie zu dämpfen.

Sechsmal war ich inzwischen schon bei diesen Soireen. Peter gibt sich immer so viel Mühe! Manchmal denkt er sich ein Motto aus, einmal lautete es »Reformation«. Er legte uns Ablasszettel hin, auf denen wir unsere Sünden ankreuzen sollten. Da waren wir erst mal ganz schön beschäftigt …

Und vor gut zwei Jahren sorgte ich für frisches Blut in der Runde – da hatte ich nämlich Andreas kennengelernt, einen Architekten. Ein ganz kluger Mann! Seine Frau war fünf Jahre zuvor verstorben. Andreas sagte, er sei 25 Jahre lang so was von verheiratet gewesen, dass er nun das Bedürfnis habe, mal richtig Gas zu geben.

Das tat er dann zunächst mit mir. Wir gingen zusammen in die Oper, ins Theater, waren toll essen, und im Bett lief's auch gut. Bei unserem ersten Mal habe ich seinen ganzen Körper mit Öl massiert und bin am Ende auch mal mit meinen Händen zwischen seine Pobacken geglitten. Das hat ihm gut gefallen. So sehr, dass er mir sein Hinterteil leicht entgegenreckte. Andreas hielt den Atem an und hat mich reingelassen. Ich massierte ihm die Prostata, und das führte bei ihm zu einem heftigen Orgasmus. Ich habe jetzt noch sein glückseliges Lächeln vor Augen. Andreas hat das so genossen, dass ich wusste, da bin ich auf der richtigen Spur.

Er mochte also anale Spielchen. Dazu kam seine Körpersprache: In unkontrollierten Momenten hatte Andreas plötzlich einen sehr femininen Touch. Und eines Nachts erklärte ich ihm geradeheraus: »Junge, du bist entweder bi oder schwul!« Das ist einer der Nebeneffekte, wenn man die eigene Sexualität ganz offen auslebt. Man wird unverblümter und spricht Dinge an, statt sich über gesellschaftliche Konventionen Gedanken zu machen.

In diesem Fall war das auch genau richtig so, obwohl Andreas nach meinem sehr direkten Statement erst einmal verdattert dreinblickte. Aber statt lauthals zu protestieren, erzählte er mir dann, dass er schon als Schüler im

Internat Fantasien in diese Richtung gehabt habe. »Damals habe ich mal einen Jungen geküsst. Unter dem Vorwand, das für den ersten Kuss mit einem Mädchen üben zu müssen.« Er habe sich im späteren Leben oft gefragt, wie sich wohl Sex mit einem Mann anfühlen würde – aber das nie getestet. Da war er bei mir natürlich an der richtigen Adresse. Nach Rücksprache mit Peter und Daniel lud ich ihn zu seiner ersten Soiree ein.

Andreas und ich machten vorher aus: Wenn er an dem Abend sein erstes Mal mit einem Mann erlebt, halte ich ihn in den Armen. Und so kam es dann auch. Andreas war völlig geflasht. Und ich erst. Diesen besonderen Moment miterleben zu dürfen, war gigantisch! Andreas blühte danach richtig auf, weil er endlich diese Seite an sich akzeptierte. Er konnte nun sagen: Ich liebe Frauen *und* Männer!

Ich habe diese persönliche Entwicklung schon hinter mir. Nach dem ersten Analsex meines Lebens dachte ich: Mensch, Mädel, du hast jahrelang den falschen Eingang benutzt! Die analen Orgasmen kommen bei mir schneller, wenn auch nicht so heftig wie die vaginalen. Inzwischen sehe ich den Anus als ganz normalen Baustein meines Körpers an. Einen, den man selbstverständlich beim Sex mit einbeziehen sollte. Aber jahrelang wäre mir das nicht in den Kopf gekommen, das war ein Tabu. Eines, das es für mich nun nicht mehr gibt. Und das fühlt sich saugut an!

Darum baue ich gern Brücken oder kürze für andere den Weg ab – so wie bei Andreas. Ich konnte mich sehr gut in ihn hineinversetzen.

Nach seiner ersten Soiree ergaben sich verschiedene Konstellationen. Mal traf er sich mit mir, mal allein mit Daniel oder Peter. Manchmal machten wir es zu dritt. Eines Abends ging ich mit Peter und Andreas toll essen. Wir wussten dabei natürlich die ganze Zeit, worauf es hinauslaufen würde. Allein das war ein tolles Gefühl! Denn die Menschen um uns herum im Restaurant hatten ja keine Ahnung, dass wir nicht nur gute Freunde waren.

Nach dem Essen fielen wir in eine Disco ein, und zu später Stunde stand ich solo am Tanzflächenrand. Irgendein Jüngling sprach mich mitfühlend an: »Deine Begleiter lassen dich aber ganz schön lang allein.« Ich lächelte ihn nur an und antwortete: »Lass mal, die beiden kümmern sich heute noch gründlich um mich.« Er riss die Augen auf, sein Unterkiefer klappte herunter. Er konnte nicht fassen, was ich gesagt hatte! Seine Reaktion hat mir einen Heidenspaß bereitet.

Einen Abend wie diesen genießen zu können – ohne Drang und ohne Eile, aber mit viel Vorfreude –, das ist für mich das Schönste. Denn ich weiß, dass ich niemanden aufreißen muss, bei dem ich keine Ahnung habe, wie's nachher im Bett wird. Ich blicke auf zwei gestandene und liebevolle Männer an meiner Seite und weiß genau, wie's ausgeht. Nämlich absolut super!

Zugegeben: Mein Mann war beim Sex technisch auch sehr gut. Bei ihm bekam ich jedes Mal einen Orgasmus. Aber er war nicht sehr experimentierfreudig. Wenn ich ihm sagte: »Ich hätte es gern mal ein bisschen ausgefallener«, winkte er ab. Als ich ihm vorschlug, wir könnten doch zusammen baden, uns gegenseitig massieren oder wenigstens Kerzen anzünden, lautete seine Antwort: »Offenes Feuer? Nee, dafür haben wir im Schlafzimmer viel zu viel Holz.«

In seinem Kopf war Abwechslung wohl nur mit anderen Partnern möglich. Dabei sehe ich das ganz anders. Online habe ich in einem Profil kürzlich einen hübschen Satz gelesen. Da suchte ein Mann *Abwechslung, idealerweise mit der einen Partnerin und nicht mit wechselnden.*

Genau das wünsche ich mir jetzt auch. Nach drei Jahren voller Abenteuer bin ich bereit für eine neue Beziehung. Früher dachte ich, eine Ehe muss für immer halten. Wir werden doch von der Gesellschaft auf eine Zweierbeziehung getrimmt. Wenn ein Kind hinfällt und brüllt, sagt die Mama: »Bis du heiratest, ist alles wieder gut!« Und irgendwann ist man verheiratet, und das soll dann der Eine sein, für immer? Eigentlich kann das nur schiefgehen. Alles andere wird als exotisch abgetan, aber das ist doch totaler Quatsch. Meine nächste Beziehung könnte auch offen sein, halboffen – oder was auch immer. Ich bin da jetzt völlig entspannt und kann ganz anderes über so etwas nachdenken.

Auch dank der Zeit, die hinter mir liegt. In meinem Bekanntenkreis gibt es einige, die gern mal so etwas erleben würden wie ich. Aber sie haben Partner, die das nicht wollen – und sind viel zu »anständig«, um es mit jemand anderem auszuleben. Manche haben daran ganz schön zu kauen. Ein Freund von mir sagte kürzlich völlig resigniert: »Ich werde mal in die Grube fahren, ohne das alles gemacht zu haben.«

Ich dagegen habe keine Wünsche mehr offen. Alles, was im realistischen Bereich ist, habe ich gemacht.

Daher muss mein zukünftiger Partner auch nicht wie eine wilde Sau unterwegs sein. Klug und witzig soll er sein und sein eigenes Leben meistern können. Ich möchte nicht mehr die Mutti für jemanden spielen. Wichtig ist, dass man offen miteinander reden kann.

Meinem Mann hatte ich mit ganz viel Anlauf gebeichtet: »Ich hätte so gern Analverkehr mit dir!« Er antwortete nur: »Um Gottes willen!« Da war also zunächst nichts zu machen, er blockte einfach ab. Jahre später kam wieder das Gespräch darauf, und dann haben wir's ein paarmal gemacht. Und wieder Jahre später hat er mir dann gesagt, dass er das eigentlich immer doof fand. Er stand da überhaupt nicht drauf! Und ich dachte nur: Wie blöd! Das hätte er doch sagen können, und dann hätten wir ein Spielzeug benutzt. Man braucht halt ein bisschen Fantasie. Und es hilft, wenn man sich einfach mal locker macht.

Ich habe das getan. Darum traute ich mich vor zwei Monaten auch endlich, den Text über mich in meinem Profil auszufüllen.

Früher hatte ich keine Ahnung, was ich da eintragen soll. Ich wusste nicht, wie ich mich beschreiben sollte oder was das Besondere an mir war. Heute bin ich mir darüber im Klaren. Daher ist mir dieser Text auch in nur zwei Minuten aus der Feder geflossen:

*Vorsicht, ich bin tief religiös! Ich glaube an Russells Teekanne, an das fliegende Spaghettimonster und das unsichtbare rosa Einhorn. Ich find Helene Fischer supertoll.*

*Sie zeigt mir jeden Tag, wie langweilig Perfektion ist. Und auf Cluburlaub stehe ich auch total. Müssten viel mehr Menschen machen, dann stehen die mir nämlich nicht in der Aussicht rum, wenn ich auf einem albanischen Berg oder an einer kanadischen Quelle hocke.*

Seitdem dieser Text online ist, bekomme ich viele Zuschriften. Vielleicht ist ja irgendwann der Richtige dabei. Es wär schön, wenn's einfach mal wieder so richtig »Bäng!« macht, ich suche jedoch nicht verbissen. Ein neuer Partner wäre für mich eher die Kirsche auf der Sahne. Aber viel wichtiger ist, dass ich mich heute so annehmen kann, wie ich bin. Mit allen Sehnsüchten und Fantasien. Früher kam ich mir dafür fast schon unnormal vor, so, als wäre ich weit und breit die Einzige, die sich im Bett bestimmte Dinge wünscht. Doch inzwischen weiß ich, dass da draußen ziemlich viele Gleichgesinnte rumrennen. Und dass man mit ihnen eine Menge Spaß haben kann.

Ein Teil des Genusses ist, dass dieser Spaß mein Geheimnis bleibt. Bis auf einige Freunde kennt keiner mein Sexleben. Und das darf auch gern so bleiben: Ich schmiede aufregende Pläne am liebsten im Verborgenen. Wenn unsere Version des perfekten Dinners stinknormal wäre und das jeder machen würde, hätte es ja nicht mehr den Status des Besonderen.

Und dadurch fühle auch ich mich ganz besonders.

Wenn mir im Büro einer blöd kommt, dann lächle ich einfach darüber hinweg. An mir perlt alles ab. Ich denke nur: Red weiter, das ist mir doch egal! Denn ich habe inzwischen eine dicke Schicht Teflon auf der Seele.

# Nachwort

»Ich glaube, dieses Buch wird unser Sexleben verändern«, sagt mein Mann grinsend, als ich ihm von meinen ersten Gesprächen erzähle.

Zunächst allerdings entwickelt sich alles in eine Richtung, an die er wohl nicht gedacht hat – er muss auf Sex verzichten, weil ich bis spät in die Nacht hinein darüber schreibe.

Aber mein Mann hat recht: Man kann so ein Buch nicht verfassen oder lesen, ohne dass ein Denkprozess in Gang gesetzt wird.

Die Namen der Frauen in diesem Buch sind geändert. Ihre Gefühle nicht. Ich habe in meinem ganzen Leben noch nie so ehrlich über Sex gesprochen wie mit ihnen. Warum eigentlich nicht?

In unserer Gesellschaft ist Sex ja quasi immer ein Thema: in TV-Serien, in Zeitschriften oder auf Werbeplakaten. Aber im entscheidenden Moment kriegen wir oft nicht den Mund auf. Zumindest ging es einigen meiner Gesprächspartnerinnen so. Sie trauten sich nicht, mit ihren (Ehe-)Partnern offen über ihre sexuellen Wünsche zu sprechen.

Aber um das zu tun, muss man sich natürlich der eigenen Wünsche bewusst sein. Manche Frauen in diesem Buch mussten danach auf die Suche gehen, und sie fanden erst heraus, was sie wirklich wollen, nachdem sie sich frei gemacht hatten von alltäglichen Zwängen.

Und plötzlich fragte auch ich mich selbst: Was will ich eigentlich im Bett? Und bekomme ich das?

Hat mein Mann vielleicht Sehnsüchte, über die er nicht mit mir spricht? Oder die ich nicht stille?

Die Erzählungen der zwölf Frauen waren so aufregend, dass ich irgendwann an mir selbst zweifelte: Ist es seltsam, dass ich es nicht so wild mag wie sie? Stimmt etwas nicht mit mir?

Nein, lautete die Antwort, auf die ich schließlich kam, denn durch diese Interviews hat sich wieder einmal bewiesen: Wir Menschen sind alle absolut verschieden. Nicht nur über, sondern ebenso unter den Laken. Auch in Sachen Sex gibt es kein Richtig oder Falsch, solange alle Beteiligten happy damit sind.

Die Gespräche für dieses Buch haben mir den Zugang zu einer Welt eröffnet, die ich sonst nie betreten hätte. Ich habe wahnsinnig viel dazugelernt. Und ich finde, man muss nicht immer überall mitmachen, aber man sollte anderen Lebensmodellen mit mehr Toleranz entgegentreten. Akzeptieren, ohne gleich einzuordnen. Erst fragen und zuhören, bevor die Hand zum geistigen Schubladengriff wandert.

Es macht Spaß, sich zu öffnen! Dafür sind diese Frauen der beste Beweis.

Das Buch ist geschrieben – und ich bin nachts wieder arbeitslos. Es ist an der Zeit, meinen Mann zum Lächeln zu bringen. Ich habe da einige Ideen …